맨땅 �딛고 일어선 소년공
신희근

# 흔적 그리고 길

흔적 그리고 길

초판 1쇄 인쇄 2026년 2월 25일
초판 1쇄 발행 2026년 2월 28일

지 은 이  신희근
디 자 인  김은정
펴 낸 이  백승대
펴 낸 곳  매직하우스

출판등록  2007년 9월 27일 제313-2007-000193
주    소  서울시 마포구 모래내로7길 38 605호(성산동, 서원빌딩)
전    화  010-2330-8921
팩    스  02) 323-8920
이 메 일  magicsina@naver.com
I S B N  979-11-90822-43-5

*책값은 표지 뒤쪽에 있습니다.
*파본은 본사와 구입하신 서점에서 교환해드립니다.

맨땅 딛고 일어선 소년공
신희근

# 흔적 그리고 길

신희근 지음

누구나 한 번쯤은 자신이 지나온 인생 이야기를 옆 사람에게, 또는 주위 사람들에게 풀어놓는다.

내 이야기를 들을 때마다 아내는 처음 듣는 것처럼 귀를 쫑긋 세우고 듣는다. 어떤 때는 이렇게 어렵게 살았었냐면서 눈물을 글썽이기도 한다. 그럴 때마다 나는 머쓱해진다.

책 한번 써 보는 게 어떻겠냐고 아내가 몇 번 제안했다.

아내의 제안을 받아들여 작년 2025년 9월부터 이 책을 쓰기 시작했다.

시작이 반이라고 했는데, 정작 책을 쓰기로 시작하자 처음부터 막막했다.

거의 한 달 동안 자판기만 바라봤다. 아무나 쓰는 것이 아니구나 하고 생각했다.

중간 중간에 들어갈 제목만 잔뜩 썼다가 10월부터 집중해서 쓰기 시작했다.

나의 어린 시절은 매우 처절했다.

동진강 중류 시골 동네에서 자라서 그곳에서 고등학교 1학년까지 자랐다. 집안은 매우 가난해서 정상적으로 학교를 다니지 못했다.

나는 고등학교 1학년을 마치고 중퇴했다. 그리고 돈 벌러 부천에 있는 공장에 취직했다.

그 사이 아버지가 돌아가시고 홀로 남으신 어머님을 모시고 성남에 정착했다.

성남 오리엔트에 입사해서 소년 노동자로서의 삶을 살았다. 내가 1층 연마반에 근무하고 있을 때 이재명이라는 소년 노동자가 2층 조립반에 근무하고 있었다.

소년 노동자 이재명은 대한민국의 대통령이 되었고, 소년 노동자 신희근은 동작구의회 구의원이 되어서 대한민국이 정상 사회로 가는데 함께 기여하고 있다.

대통령이 하고자 하는 대부분의 일은 사실 기초자치단체에서 실행하는 것이다. 주민들의 실제적인 삶과 맞닿아 있는 기초자치단체야말로 지방자치제의 뿌리요, 줄기이다.

대한민국에 지방자치제를 실질적으로 심은 김대중 대통령은 지방자치제를 통해서 우수한 인재를 양성하고 발굴할 수 있다고 했다.

이재명 대통령은 지방자치제를 통해 만들어낸 최고의 성과라고 할 수 있다. 이재명 대통령은 성남시장을 거쳐 경기도 도지사를 거치고 마침내 대한민국의 대통령이 되었다.

이재명과 같은 인물이 계속해서 나와야 한다.

지방의회에서 일하고, 그 성과를 바탕으로 지방자치단체장을 하고, 광역단체장 또는 국회의원이 되어서 대한민국을 위해 일하는 것이 자연스럽다고 생각한다.

이 책을 쓰면서 어린 나이에, 사회에 나와야 했던 소년 노동자 신희근에게 그동안 수고했다고 위로해 주었다. 그리고 아직 할 일이 많이 남아 있다고 말했다.

소년공 신희근이 자라서 경영인 신희근으로 정치인 신희근으로 살아
갈 수 있었던 터전 동작구를 사랑하지 않을 수 없다.

동작구 구민 여러분 감사합니다.

마침 오늘이 설날이네요.

새해 복 많이 받으세요.


2026년 2월 17일
설날 아침에
신희근

# |차례|

## 제5장  신희근의 동작 사랑

1장

# 소년 노동자에서 사업가로

# 나의 고향 김제 그리고 동진강

나는 1962년 김제시 죽산면에서 태어났다.

김제에는 국내에서 유일하게 지평선이 펼쳐지는 김제평야가 있다. 김제평야는 김제시를 중심으로 만경강과 동진강 유역에 펼쳐진 호남평야의 중심이 되는 땅이다. 나의 고향 죽산면은 동진강 중류에 자리잡고 있다.

김제는 조정래 장편소설 『아리랑』의 주요 무대이기도 하다. 조정래는 『아리랑』에서 호남평야를 "그 끝이 하늘과 맞닿아 있는 넓디다 넓은 들녘은 어느 누구나 기를 쓰고 걸어도 언제나 제자리에서 헛걸음질하고 있는 착각에 빠지게 만들었다."고 표현했다.

김제는 일제 침탈기 시절에 제일 수탈이 심했던 지역이다. 이주 일본인들은 갑부로 살고, 조선인들은 전답을 다 빼앗긴 후 소작농으로 전락하여 지역민들은 가장 빈곤하게 살아야 했다. 김제는 그 시절 가장 풍요로워서 가장 서러웠던 땅이라고 『아리랑』은 말하고 있다.

나는 김제에서 태어나서 고등학교 1학년 때까지 살았다. 당시 김제는 전형적인 농촌지역이면서 서해 바다와 마주하는 어촌이기도 했

김제평야. ⓒ 네이버 블로그 협이투어

다. 특히 동진강과 만경강이 만나는 바다에 펼쳐진 갯벌은 삶의 터전이기도 했다. 하지만 지금 나의 고향은 다 사라지고 없다 해도 과언이 아니다.

군산 비응도에서 출발해서 옥도를 거쳐 변산까지 이어지는 방파제와 육지화 작업으로 인해 갯벌은 사라지고 드넓은 새만금 평야가 만들어졌다. '새만금'이란 전국 최대의 곡창지대인 만경평야와 김제평야가 합쳐져 새로운 땅이 생긴다는 뜻으로, 만경평야의 '만(萬)'자와 김제평야의 '금(金)'자를 따고 새롭다는 뜻의 '새'를 덧붙여 새만금이라 하였다. 오래전부터 옥토로 유명한 만경·김제평야와 같은 옥토를 새로이 일구어내겠다는 의미가 담겨 있다.

새만금이라는 지역명이 널리 알려지게 된 것은 1987년 7월 전두환 정부가 '새만금 간척 종합개발사업'을 발표하면서부터이다. 당시 정부는 대선을 앞둔 시점에 단군 이래 최대 규모의 간척사업을 공약으로 내놓았다. 이때부터 새만금은 수많은 우여곡절의 주인공이 되었다. 1991년 방조제 착공 이후 몇 년간 순조롭게 진행되던 새만금 사업은 1995년 환경 담론이 본격화 되면서 논란의 중심에 서게 되었다. 이후 10여 년간 환경단체와 종교계, 그리고 지역 주민들을 중심으로 한 시위와 소송 등에 휘말리며 '세계 최대 규모의 간척사업'에서 사회 갈등의 대명사로 전락하게 된다. 그러나 2006년 대법원 승소 판결을 받으면서 10여 년간 이어져 온 지리멸렬한 법정 공방을 마감하고, 무려 20년간의 대역사를 통해 32.5km의 네덜란드 쥬다찌(Zuiderzee) 방조제보다 더 긴 33.9km에 달하는 세계 최장의 방조제를 2010년 4월에 준공함으로써 2010년 8월 2일 기네스북에 등재되었다.

내가 김제에서 고등학교 1학년 때까지 살았는데 그때 나이 17살이던 1978년이었다. 김제에서 우리 가족은 아버지의 술과 노름으로 인해 땅 한 평 없이 소작농을 하면서 그야말로 찢어지게 가난하게 살아야 했다.

그래도 철없던 어린 시절에는 드넓은 동진강에서 수영을 하고 갯벌에서 조개를 캐고 게를 잡아 삶아 먹기도 했는데 돌이켜보면 나름 천진하고 난만스럽게 지낼 수 있었다.

여름이면 동진강은 우리들의 놀이터였다. 서해에 썰물 때면 바닷물이 빠져 동진강 하구도 물이 빠지게 되는데 강 중앙이 상대적으로 높아 갯벌이 드러나고 강 옆으로 강물이 흐르는 형상이 된다. 이때 우리는 강 가운데 갯벌에서 물놀이를 하거나, 갯벌에서 각종 어류를 수확하기도 했다. 동진강 하구는 민물과 바닷물이 만나는 곳으로 어류가 풍부했다. 바닷물이 빠질 때 미처 빠져나가지 못한 물고기를 손쉽게 잡기도 했다.

바닷물은 하루에 한 번씩 밀물과 썰물이 있어 들어오고 나간다. 이때 들어오고 나갈 때 바닷물의 높이 차이를 조수 간만의 차라고 한다. 서해 바다는 동해와 남해에 비해서 조수간만의 차가 심하다. 보름달이 뜰 때는 밀물이 높게 밀려오고, 썰물 때도 바다 멀리 나가게 된다. 이때를 사리라 하고, 반대로 그믐 때는 조수간만의 차가 거의 나지 않는데 이때를 조금이라고 한다.

물이 빠져나간 갯벌은 마치 마른 땅처럼 딱딱했다. 우리는 갯벌에서 축구를 하며 놀기도 했다.

내가 중학교 3학년 여름방학 때였다. 우리 동네 아이들은 언제나 그랬듯이 동진강 갯벌에서 놀고 있었다. 그야말로 시간 가는 줄도 모르고 있었다. 그때는 사리 때였다. 바닷물이 멀리 나갔다가 밀물로 밀려올 때였다.

저 멀리서 바닷물이 거세게 밀려오고 있었다. 나와 4살짜리 여동생은 멀리서 밀려오는 바닷물에 놀라서 허둥지둥 도망치고 있었다. 그런데 어린 여동생은 좀처럼 갯벌에서 뛰지를 못했다. 나는 동생의 손을 잡고 뛰어보려고 애썼지만, 동생은 울음만 터트리고 좀처럼 움직이질 못했다. 불과 10여 미터 앞으로 밀물이 밀려오고 있었다. 나의 키를 그대로 집어삼킬 만한 높이였다. 그러니 나보다 훨씬 작은 여동생은 어떻게 되겠는가. 내가 어린 여동생을 어쩌지 못해 겁에 질려 동동거리고 있을 때 갑자기 나보다 한두 살 많은 동네 형이 나타나서 여동생을 벌썩 들어서 어깨에 메고 달리기 시작했다. 그렇게 해서 다행히 여동생과 나는 무사히 뭍으로 나올 수 있었다.

그때 그 형이 아니었다면 나는 하마터면 여동생을 잃을 뻔했다. 아찔한 순간이기도 했으며, 그 형은 그야말로 여동생에게는 생명의 은인이기도 했다.

그렇게 뛰어놀던 동진강은 지금 새만금 간척사업으로 모습이 많이 변했다. 동진강이 없어진 것은 아니지만 새만금으로 인해 더 이상 바닷물이 들어오고 나가는 그런 강은 아니게 되었다. 지금 새만금 간척지는 농토도 아니고 공업지대도 아닌 채로 방치되고 있다. 이곳에서 그 말도 많고 사고도 잦았던 세계 잼버리 대회가 2024년에 열렸다. 대한민국의 얼굴에 먹칠한 그 부실한 잼버리 대회가 바로 새만금 땡볕 아래에서 있었다.

어떤 이들은 댐이 생기면서 농지가 수몰되어 마을을 떠나기도 했지만, 나의 고향은 전 세계적인 간척사업으로 인해 고향의 모습이 사라졌다. 새만금 간척사업으로 인해 대한민국의 육지는 엄청나게 넓어졌다지만, 그로 인해 잃어버린 바다 갯벌 역시 우리의 소중한 자산이자 추억이었다. 갯벌을 없애고 육지를 넓히는 것이 과연 최선인지 나는 고향을 생각할 때마다 곰곰이 생각해 보게 된다.

## 나의 여동생

아버지는 그야말로 대책 없는 분이셨다. 나는 아버지에 대한 좋은 기억이 거의 없다. 늘 술만 드시다가 간경화로 고생하시던 모습밖에 생각나는 게 없다.

간경화로 고생하는 아버지를 대신해서 집안일하는 사람은 어머니뿐이었다.

어머니는 그때 버섯 공장에도 다니셨고, 가을 수확이 끝나면 부업으로 가마니를 짜셨다. 당시에는 수확한 벼를 가마니에 담아서 보관하거나 이동했다.

가을 추수가 끝나고 농한기가 되면, 잘 말리고 키가 잘 자란 볏짚은 가마니를 짜는 재료로 엄선되었다. 이렇게 선별된 볏짚은 대나무로 만든 갈구리로 빗어 깨끗이 정리했다.

손으로 짜는 가마니는 섬세한 작업이었다. 가마니를 짜기 위해서는 짚을 이용해 새끼를 꼬고, 그 새끼를 이용해 가마니틀을 완성했다.

가마니틀 반을 접어 맞대어서 입구를 제외한 삼면을 꿰매면 가마니가 완성되었다. 그렇게 만들어진 가마니는 누군가에게 팔려나가 벼를

1970년대 가마니를 통한 통일벼 수매 모습. ⓒ한국농업신문

담고, 수매 등급을 받기 위해 수매장에 들어갔다.

학교에 갔다 오면 어머니가 짜 놓은 가마니 장이 수북이 쌓여 있었다. 완성된 가마니의 하단 양쪽 끝에 튀어나와 있는 지푸라기를 정리하여 풀리지 않게 접어 넣는 작업을 가마니 갓을 한다고 하는데, 어머니는 우리에게 가마니의 갓하는 일을 맡기었다. 그래야만 쉽게 가마니가 터지지 않고 튼튼하게 되기 때문이다.

여기서 우리들이라 함은 여동생을 제외한 형, 나, 남동생이다. 어머니는 우리에게 할당량을 주고, 그것을 마쳐야만 친구들과 놀게 해주었다.

아버지와 어머니 사이에는 4남 3여가 있는데 나를 기준으로 위로 형님이 두 분, 누님이 두 분 계시고, 아래로는 남동생 하나와 여동생 하나가 있었다. 특히 어머니가 마흔일곱, 아버지가 쉰둘에 낳은 늦둥이 여동생은 나와 나이 차가 무려 11살이나 났다. 그렇다 보니 여동생은 내가 키우다시피 했다.

여동생은 매우 약하게 태어났다. 영양을 제대로 공급받지 못했던 아이는 서너 살이 될 때까지도 걷지를 못했다.

우리는 학교에 다녀오면 개구리를 잡으러 다녔다. 개구리를 잡아서 어머니에게 갖다주면, 어머니는 그 개구릴 푹 고아서 개구리 국물로 방앗간에서 빻아온 쌀가루를 섞어 불려 달여서 미음을 만들어 분유 대신 어린 여동생에게 먹였다. 분유 살 돈이 없었던 우리 집에서 개구리는 여동생의 분유 대용이었다. 지금으로 얘기하면 이유식이라고 할 수 있다.

내 나이 11살에 본 여동생을 돌보는 일은 나의 몫이었다. 어머니는 일을 하느라 아이를 나에게 맡기셨다. 그런데 아직 철없는 초등생 남자아이였던 내가 애를 제대로 볼 수 있었겠는가. 아이를 업고 다니다가 떨어뜨리기도 하고, 그러면 동생은 울고불고 난리를 쳤다. 한번은 평상에 아이를 올려놓고 내가 한눈을 파는 사이 애가 평상 밑으로 떨어졌다. 나는 애가 죽는 줄 알고 가슴이 철렁했다.

하루는 어머니가 가마니를 짜고 있는 사이 나에게 동생에게 먹일 미음을 쑤라고 얘기했다. 석유 곤로 위에 그릇을 올리고 개구리 미음을 끓였다. 불을 가열한지 얼마 되지도 않았는데 미음이 뽀글뽀글 풍선을 만들면서 올랐다가 터지는 것이었다. 나는 그 모습만 보고 미음이 충분히 끓었다고 생각하고 숟가락으로 아이에게 먹였다.

하지만 불 가열로 인해 위에만 끓는 것처럼 보였지, 실상 밑에는 차가웠다. 잘 저으면서 끓여야 했는데 팍팍 튀는 모습만 보고 오판을 했던 것이다.

충분히 국물에 섞이지도 않은 채 덩어리지고 제대로 익지도 않은 것을 먹은 동생은 얹히고 말았다. 동생은 그 일로 인해 아무것도 먹지 못하고 삼사일 동안 울기만 했다. 어머니는 어린 동생을 손을 따고, 달래 보고, 억지로 먹여 보기도 했지만, 소용이 없었다.

병원에 데리고 갈 엄두를 내지 못할 정도로 우리 집은 가난했다. 어머니는 울며불며 발을 동동 굴렀고, 나는 아무것도 하지 못한 채 울기만 하는 아이를 바라만 보고 있었다. 나는 그때 애가 곧 죽을 것이라고 생각했다. 내가 동생을 죽게 만들었다는 죄책감에 괴로워서 나 역시 울기만 했다.

그러던 사흘째 되던 날 옆집 아저씨가 어디 한약방이 있는데 거기가 용하다고 했다. 지푸라기라도 잡는 심정으로 마지막으로 한번 가 보자고 했다.

7월 삼복더위에 아저씨가 자전거를 운전하고 어머니가 애를 안고 뒤에 타서 비포장도로를 달려 한의원에 갔다.

한의원에서는 급체했다면서 막힌 곳을 뚫어 주었다. 그렇게 아이는 기적적으로 살아났다.

동생이 살아났고, 나 역시 죽다 살아났다.

# 중고등학교 시절

중학교는 집에서 대략 10리 정도 떨어져 있었다. 그 길을 나는 주로 걸어서 다녔다. 그러다가 이웃집 친구가 자전거를 타고 다니기 시작했다. 그 당시 자전거는 주로 짐을 나르는 도구로 쓰였다. 그렇다보니 뒷바퀴 위에는 짐을 실을 수 있는 안장이 있었다. 짐을 실으려고 만들어진 것이지만 평상시에는 사람을 태우는 용도로 쓰였다. 뒤에 사람을 태우고 다니는 장면을 쉽게 볼 수 있었다.

나의 중학교 시절

나는 친구의 등교 시간에 맞춰서 친구가 가는 길목에서 기다렸다. 그러면 친구는 자신의 자전거 뒤에 나를 태우고 학교에 갔다. 가끔은 자리를 바꿔서 운전대를 나에게 맡기기도 했다. 그래서 나는 늘 그 친구에게 잘해주었다. 하지만 그 친구는 텃세를 부리기도 했다. 친구랑 싸우거나, 삐지게 하는 일이라도 생기면 길목에서 기다리는 나를 무시하고 횡하니 혼자 달아났다. 그러면 나는 자전거를 타면 20분이면 갈 수 있는 학교를 50분 이상 걸어서 가야 했다. 당연히 지각을 피할 수 없었다.

나는 어머니에게 자전거를 사 달라고 조르고 졸랐다. 어머니는 나의 부탁을 끝내 거절하지 못하고 3만 원이라는 비싼 돈을 주고 자전거를 사 주셨다. 그래서 나도 자전거를 타고 학교에 갈 수 있었다. 학교에는 정말 많은 자전거들이 주차되어 있었다.

자전거 잃어버리는 일도 수두룩했다. 그만큼 자전거 도둑이 많았다는 뜻이다. 당시 자전거를 묶어두는 열쇠는 매우 허술했다. 철사를 이용해서 자전거 자물쇠를 풀고 훔쳐 가는 일이 비일비재했다.

1997년 34세의 일기로 요절한 나보다 한 살 어린 천재 작가 김소진이 세상을 떠나기 1년 전에 발표한 〈자전거 도둑〉이라는 단편소설이 있다. 이 소설에는 우리 세대가 갖고 있는 자전거에 얽힌 많은 에피소드가 있다. 특히 자전거 도둑으로 몰린 이야기가 있는데, 실제로 학교에서는 자전거에 얽힌 수많은 갈등이 있었다.

다행히 나에게는 자전거를 잃어버리는 일은 일어나지 않았다. 자전거를 타고 학교에 가는 일은 매우 즐거웠다. 왠지 모를 뿌듯함도 느껴졌다. 세상 부러울 게 없었다. 그 순간만큼은.

중학교를 마쳤을 때 공부 좀 한다는 학생들은 모두 전주나 익산 같은 도시의 학교로 진학했다. 나는 명문고등학교로 충분히 진학할 수 있는 성적이었지만, 가난한 집안 형편은 그것을 하락하지 않았다.

내가 다니던 학교는 중학교와 고등학교가 같은 재단에 있었다. 김제서중과 김제서고는 같은 운동장을 쓰는 학교였다. 그때는 중학교를 마치면 자신의 성적에 따라 얼마든지 도시 고등학교로 진학할 수 있었다. 같은 재단에 있다 보니 중학교 3학년 담임 선생님들은 성적이 우수한 학생들을 같은 고등학교에 입학시키려고 설득했다.

사실 나는 집안 형편이 너무 어려워서 도시로의 유학은 꿈도 꾸지 못하고 있었지만, 나의 성적이 남보다 조금 우수하다 보니 선생님은 집요하게 나를 설득했다. 기분이 나쁘지는 않았다. 나는 마치 선생님의 설득에 마지못해 응하는 것처럼 김제서고에 입학했다.

공부 좀 한다는 학생들은 전부 다 도시로 빠져나갔다 보니 학교 공부는 경쟁적인 측면에서 편했다. 나는 어머니 일을 도우느라 학교 끝나고 예습 복습할 시간이 전혀 없었다. 하지만 시험기간 2주 전부터 집중해서 공부하면 전교 5등 안에 들었다. 그래서 고등학교 1학년 때는 등록금을 면제받는 장학생이 되었다.

하지만 아무리 장학생이면 뭐하겠는가. 아버지는 잦은 폭음으로 인해 간경화가 오고 말았다. 가사를 책임져야 할 아버지가 오히려 가족의 짐으로 살고 있었다. 나는 과연 학업을 계속 이어갈 수 있을지 걱정되었다. 나의 형처럼 학업을 포기하고 공장에 다녀야 할지도 모른다는 불안감으로 고등학교 1학년 겨울방학을 맞이했다.

그리고 나의 불행한 예감은 조금씩 현실이 되어갔다.

# 소년공이 되다

고등학교 1학년을 마치기 직전인 겨울방학이 끝날 즈음이었다. 1979년 2월 정도였다. 불과 몇 개월 후 1979년 10월 26일 김재규 중앙정보부장이 박정희 대통령을 저격하여 사망하는 엄청난 사건이 발생하였다. 박정희는 내가 태어나기 전부터인 1961년부터 1979년까지 무려 18년 동안 장기 독재를 이어가고 있었다. 솔직히 나는 북한에 김일성이 있는 것처럼 남쪽에 박정희가 장기집권을 하고 있는 것에 대해 당연하게 생각했다. 내가 태어날 때부터 대통령은 박정희였고, 그렇게 18년을 난 전혀 문제의식 없이 보냈다. 나를 포함해 우리집은 그저 하루하루 먹고사는 문제만을 걱정하고 있을 때였다.

아버지는 간경화로 몸져누웠고, 아버지를 대신해서 어머니는 양송이버섯 공장에 다니고 있었다. 집이 하도 가난하다 보니 병든 아버지는 내가 학업을 중단하고 공장에 나가서 일하기를 바랐다. 하지만 나는 공부가 하고 싶었다. 학교 성적도 상위권으로 매우 좋았다. 아버지는 틈만 나면 서울에 가서 공장에 취업하라고 종용했다. 서울 공장에 취업하면 얼마든지 돈 벌면서 공부할 수 있다고 꼬드겼다. 하지만 난 자신이 없었다. 맘 한구석에서는 가정 형편상 학업을 지속할 수 있을 지 의문이었다. 나의 바로 윗형도 학업을 중단하고 성남에서 공장을 다니고 있을 정도였다. 아버지는 공장에 취업하라 하고, 어머니는 말도 안 된다고 펄쩍 뛰셨다.

그러던 어느 날 나와 동갑이지만 학교를 1년 늦은 옆집 친구가 그의 아버지에게 이끌려 내일 서울에 있는 공장으로 간다고 했다. 나는 그 소식을 듣고 그 집으로 가서 나도 데려가 달라고 졸랐다.

"아저씨. 저도 데려가 주세요. 저도 공장에 들어갈래요."

그랬더니 우리 집 형편을 너무나 잘 알고 있는 아저씨는 친구끼리 같이 가면 서로 의지하면서 힘이 될 거라면서 좋다고 말씀하셨다.

어머니도 모를 정도로 나 혼자 결정한 것이었다. 공장에 취업하러 서울에 간다고 했을 때 어머니는 그야말로 붕 떴다. 너무나 놀란 표정이었다. 난 마음을 굳히고 짐을 싸고 고향을 떠나기로 했다.

아버지는 잘 선택했다고 칭찬했다. 어머니는 눈물만 흘리었다. 날이 밝고 나는 이웃집 아저씨와 그의 아들과 함께 서울로 가기 위해 길을 나섰다. 어머니는 그때 공장으로 돈 벌러 가는 나를 따라 시골 길을 걸으면서 울고불고 난리가 났지만, 나를 적극적으로 말리지도 못했다. 어머니는 울고불고하며 나의 손에 꼬깃꼬깃 3천 원을 쥐여주었다. 나는 그 돈을 변변한 지갑도 없이 외투 깊숙이 집어넣었다. 나는 몇 번이고 뒤를 돌아보면서 어머니에게 손을 흔들었다. 내가 뒤돌아볼 때마다 어머니는 계속 그 자리에서 손을 흔들고 계셨다. 비록 가지 말라고 말리지는 못해도 어린 아들이 학업을 중단하고 낮

모르는 도시로 돈을 벌러 가는 것을 보며 어머니는 얼마나 많이 힘들어하셨을까.

이렇게 나는 고등학교 1학년을 중퇴하고 어린 나이에 공장에 입사하기 위해 고향을 떠났다. 죽산에서 버스를 타고 김제에 도착해서 기차에 탔다. 기차는 서울 영등포역에 도착했다. 나는 서울에 있는 공장으로 가는 줄 알고 있었는데, 영등포역에서 1호선 전철을 타고 부평에 도착했다.

부평역에서 내려서도 거의 한 시간을 걸었다. 그곳은 허허벌판과 다름없었다. 논과 밭이 펼쳐져 있었는데 그 어딘가에 공장들이 있었다. 벽돌 공장도 있었고, 공업사들도 있었다. 나는 이 많고 많은 공장 중에 내가 일하게 될 공장은 어디일까 조마조마하면서 아저씨를 따라 걸었다. 그 많은 공장 중에서 지금은 회사 이름도 기억나지 않는

1970년대 부평공단 모습

주물공장이 나의 첫 직장이 되었다.

나는 다음날부터 바로 일을 시작했다. 쇳물을 녹여서 피아노 줄을 잡아줄 몸체를 만드는 공장이었다. 피아노에는 88개의 건반이 있는데 이 건반에는 88개의 피아노 줄이 있다. 피아노 줄의 장력을 견디는 몸체를 만드는 주물공장이었다. 피아노 몸체는 주철(Cast Iron)로 만든다. 주철이라 함은 1.7% 이상의 탄소를 함유하는 철의 합금(合金)이다. 단단하기는 하나 부러지기 쉽고 강철에 비하여 쉽게 녹이 슨다. 주조(鑄造)하기가 쉬워 공업 재료로 널리 쓰이는데 19세기 중반부터 피아노 몸체의 재료로 쓰였다고 한다. 주철 쇳물을 거푸집에 부어 식히면 단단히 굳어진다. 거푸집을 제거하면 피아노 줄을 단단히 잡아줄 피아노 몸체가 완성되었다.

나는 이 공장에 1년 정도 다니다 그만두었다. 이때 나는 형님이 있는 성남으로 갔다. 그 사이 간경화로 고생하던 아버지도 돌아가셔서 홀로 살고 계시는 어머니를 성남으로 모시었다.

단칸방으로 다락이 있는 집이었다.

성남에 간 나는 봉제공장을 다니면서 냉동학원에 다녔다. 냉동학원은 인기가 좋아서 학원생이 많았다. 냉동 자격증은 국가시험으로 나는 비교적 공부를 잘해서 1차 필기시험은 무난하게 통과했다. 여담이지만 그때 나를 가르치던 선생님은 떨어졌다. 하지만 2차 실기시험이 문제였다. 도면을 주고 동관을 구부려 벤딩 도구를 이용해 제작하고 용접으로 마무리하는 것이었다. 그것을 하려면 웃돈을 주고 학원에서 실기 연습을 했어야만 했다. 나는 돈도 없고, 아깝기도 해서 연습을 못 했다. 당연히 나는 경험도 없고, 하는 방법도 몰라서 떨어졌다.

떨어지고 나서 내가 다시 면접을 본 곳이 오리엔트(지금의 오리엔트정공)이다.

# 이재명 대통령과 나의 오리엔트 인연

1980년 나는 성남에서 시계를 만드는 오리엔트에 다니게 되었다. 그곳에는 이미 지금은 대통령이 된 소년공 이재명이 일하고 있었다.

당시 오리엔트에 입사하는데 나름 경쟁률이 치열했다. 면접 심사에서 떨어진 사람도 많았다. 오리엔트는 단정해 보이는 직원을 선호했다.

오리엔트 시계는 1959년 영명산업으로 설립되어, 1965년경부터 손목시계 조립을 시작했으며, 1969년 사명을 오리엔트로 변경했으며 1972년에는 시계의 핵심 부품인 무브먼트를 자체 생산하면서 한국 최초로 손목시계를 자체 제작하는 회사가 되었다.

1980년대 국내 손목시계 시장은 오리엔트와 함께 일본의 시계 3대 회사인 Citizen, Casio, Seiko가 경쟁하고 있었다. 한국회사는 오리엔트가 유일했다.

오리엔트는 1공장은 성남에 있었으며, 2공장은 서울 성수동에 있었다. 나와 이재명 대통령은 성남 1공장에 다녔다.

당시는 나는 1층 연마반에 있었고, 이재명 대통령은 2층 조립반에 있었다. 이재명 대통령이 손목시계 시계판에 약품을 뿌리면서 흠집을

1980년대 중반 오리엔트 시계 ©
igaga99

제거하다가 독한 약품 냄새로 인해 후각 장애를 얻은 것이 이때였다.

공장에 다니는 사람이 워낙 많고, 하는 일도 다르다 보니 우리는 서로 알지 못했다. 그때 우리는 수없이 서로 마주 지나쳤을지도 모른다. 하지만 우리가 그때 같은 회사를 다니면서 같은 건물에서 같은 시간에 일을 했다는 것을 알게 된 것은 이재명 대통령의 자서전을 통해서였다. 이재명 대통령보다 내가 한 살 위다. 내 나이 열아홉, 이재명 대통령 나이 열여덟이었다. 아직 돈을 벌기 위해 공장에 다니기에는 어렸다. 하지만 우리에게 선택지는 없었다.

성남시장이 된 이재명은 2017년 1월 23일 소년 시절 자신이 근무하던 오리엔트 정문 앞에서 대통령 출마 선언을 했다. 소년공 출신의 대통령 후보다운 발상이었다. 감동적이었다.

오리엔트 출신 소년 노동자 이재명은 성남시장이 되어 대통령 후보에 도전했고, 또 한 명의 오리엔트 출신 소년 노동자 신희근은 서울시 동작구 의원이 되어 이재명을 응원하고 있었다.

지금 이재명과 나의 역할은 하늘과 땅 사이만큼 넓지만, 서로의 지위가 아무리 차이가 나고, 부여받은 권한의 범위가 달라도 대한민국을 보다 국민이 행복하고 국민이 주인되는 나라로 만들고 싶다는 목표는 같다.

대통령이 할 수 있는 일은 많다. 그러나 대통령이 하고자 하는 일의 완성은 국민과 직접 맞닿아 있는 지방정부에서 하는 것이다.

# 가난을 벗어나기 위해 권투를 시작하다

성남 상대원에 있는 오리엔트를 다니면서 잠실대교 바로 앞 반지하로 이사를 왔다. 어느 날 집 앞에 있는 벽에 붙어 있는 '권투 관원 모집'이라는 광고물을 보고 체육관에 등록했다. 내가 권투를 시작하게 된 동기는 장정구를 보면서부터였다.

장정구는 나보다 한 살 아래인 1963년생으로 1983년 WBC 라이트 플라이급의 세계 챔피언 타이틀을 획득했으며, 1988년에 타이틀 15차 방어에 성공한 다음 은퇴했다. WBC가 선정한 25인의 복서에 선정된 인물이기도 했다.

장정구는 부산 아미동 빈민가 출신의 복서였다. 장정구는 WBC 세계 챔피언이 되면서 엄청난 돈을 벌었다. 그래서 나도 세계 챔피언을 꿈꾸면서 복싱을 시작했다. 세계 챔피언은 아니어도 동양 챔피언만 되어도 지긋지긋한 가난에서 벗어날 수 있다고 생각했다.

나에게 전혀 소질이 없는 것은 아니었다. 하지만 세계 챔피언이 되기에는 소질이 부족했다. 5년 정도 운동을 하고 프로 무대도 밟아 봤다.

이즈음 영장이 나와서 입대해야 했다. 고1 중퇴라서 나는 방위에 소집이 되었다. 이렇게 해서 짧은 나의 오리엔트 생활은 자연스럽게 마무리되었다.

낮에는 방위로 군대 생활을 하고 밤에는 운동을 했다. 심지어 주말에는 시합까지 뛰었다.

내가 방위 생활을 한 곳은 지금 강남의 내곡동에 있던 예비군 훈련소였다. 거기서는 내가 시합을 나가면 다 알았다. 근무 점호를 할 때 나는 시합하면서 얻어맞아 눈퉁이가 밤탱이가 되어서 선글라스를 끼기도 했다. 다행히 중대장이 눈감아 주었다. 선글라스를 끼고 점호를 받는 날이면 '이놈이 시합을 뛰었구나!' 하고 생각했던 것 같다.

사실 군대 생활을 하면서 시합을 뛰는 것은 엄연히 불법이다. 하지만, 당시 나는 불법이란 생각을 하지 않았다. 일과 시간도 아니고 주

신희근 카카오스토리

말에 시합을 뛴 것이니 말이다.

가수 싸이가 나처럼 군대 생활을 방위로 하면서 무대를 뛴 것이 문제가 되어 제대한 이후 재입대한 것을 보면, 나도 군대 생활을 하면서 권투 프로 무대를 뛰었으니 재입대를 해야 할만큼 불법인 것은 사실이다.

방위 생활을 하면서 신인왕전에 도전해서 4강까지 갔지만 역량 부족으로 탈락했다. 만일 그때 신인왕전에서 우승했다면 나는 이름 없는 권투 선수 생활을 했을 것이다. 신인왕전에서 실패한 이후 나에게는 세계 챔피언이 될 만한 재능이 없다는 것을 인정하고 권투 선수 생활을 접었다.

권투를 통해 세계 챔피언이 되겠다는 나의 꿈은 이렇게 끝나고 말았다.

85년 1월 4일 방위에서 소집해제 되자마자 나는 운전면허를 취득했다. 나에게는 민생고를 해결해야 할 새로운 일자리가 필요했다.

# 무엇을 해야 하나 깊은 고민의 시간

군복무를 마쳤을 때 함께 살던 큰형은 결혼해서 분가했고, 남동생도 일을 하러 나갔다. 집에는 나와 어머니 그리고 어린 여동생만 있었다. 어머니는 봉제공장을 다니고 있었다. 나는 한동안 아무 일도 하지 않은 채 집에서 뒹굴며 책만 읽었다. 책을 읽다가 멈추면 "나는 무엇을 해서 먹고 살아야 하나?"만 고민했다.

이제 나는 어머니를 모셔야 하는 가장이 되었다. 다시 오리엔트로 들어갈 수는 없었다. 만일 오리엔트에 다시 들어간다면 나는 영원히 '공돌이' 신세를 벗어나지 못한 채 살게 될 것이라고 생각했다. 그렇게는 살고 싶지 않았다.

몇 달을 고민해도 마땅한 대안을 찾지 못했다. 어머니는 처음에는 그저 지켜만 보고 있었다. 그러나 그 시간이 길어지자 "다 큰 사내놈이 이렇게 놀고만 있으면 어떻게 하느냐? 빨리 공장에라도 들어가라"며 짜증을 냈다.

그러던 어느 날이었다. 그날도 봉제공장에서 일을 마치고 돌아온 어머니가 신세 한탄을 늘어놓으셨다. 어머니는 술주정뱅이 남편을 만

나서 고생하다가, 기어이 남편이 술로 인해 간경화가 와서 그 뒤치다꺼리를 하느라 고생했는데, 이제 아들놈이 속을 썩인다는 것이었다.

나는 그날 처음 어머니에게 대들었다.

고등학교 1학년 다닐 때 전교에서 5등 안에 안 들은 적이 없던 장학생 아들을 고등학교도 마치지 못하고 공장으로 내모는 부모가 어디 있느냐고 따졌다.

어머니는 기가 막힌다는 표정을 지으며 나를 공장으로 내몬 것은 당신이 아니라 아버지였다며 항변하셨다. 그러면 나는 아버지나 어머니나 다 부모 아니냐, 어머니도 책임이 있다고 대들었다.

"어머니. 저는 공장을 다니면서 쥐꼬리만 한 월급을 받으면서 그렇게 살다가, 나와 같은 처지의 여자를 만나서 결혼해서 밑바닥 인생을 살고 싶지 않아요. 돈이 없어서 공부도 못 시키고 공장으로 내모는 그런 부모는 되지 않을래요. 우리 7남매 중에 제대로 고등학교 졸업한 자식들이 누가 있어요? 저는 아버지처럼 살 수가 없어요."

어머니는 이 말에 충격을 받으셨는지 자식 앞에서 닭똥 같은 눈물을 쏟으며 울고만 계셨다. 나도 더 이상 대들 수가 없었다. 어머니의 눈물 앞에 나는 죄책감을 느꼈다.

나는 울고 있는 어머니에게 다음과 같이 말했다.

"어머니. 제가 일을 안 한다는 게 아니에요. 곧 일을 시작할 것에요. 하지만 그 일은 밑바닥 인생을 끝낼 수 있는 일이어야 해요. 배운 건 없지만 그래도 남부럽지 않게 살 수 있는 일이어야 해요. 그리고 어머니는 내가 끝까지 모실 테니 걱정하지 마세요. 아시잖아요. 저는 한다면 하는 놈이란 거. 걱정하지 마세요."

한참을 울던 어머니는 이 말에 눈물을 멈추시고는 미소를 지어 보이셨다.

그리고 나는 며칠 후 결심을 했다.

배운 것 없는 내가 할 수 있는 일은 장사뿐이라고 생각했다. 오직 장사만이 돈을 벌 수 있다고 생각했다.

내 머릿속에는 가장 돈을 많이 벌 수 있는 게 무엇인가 하는 고민만 가득했다. 가게를 차리면 손님을 기다리면 되지만, 가게 얻을 돈이 없는 나는 스스로 손님을 찾아다녀야 한다고 생각했다. 그러기 위해서는 화물트럭이 필요했다. 화물트럭이 있기 전에 제일 먼저 있어야 할 것이 운전면허였다.

# 1톤 화물트럭으로 장사를 시작하다

나는 방향이 정해지면 즉시 실행에 옮기는 성격이다. 좌고우면하지 않고 바로 부딪히는 것이다. 즉시 운전면허학원에 등록하고 1개월 뒤에 필기시험과 함께 실기시험을 통과해 운전면허를 취득했다.

어머니를 졸라서 100여만 원을 주고 중고 1톤 화물트럭을 구입했다.

제일 먼저 시작한 장사는 계란 장사였다. 양계장에 가서 직접 계란을 구입해서 성수동 근처 아파트 단지를 돌면서 "계란이 왔어요. 계란이 왔어요. 싱싱한 계란이 왔어요." 녹음된 스피커 방송을 하면서 팔았다. 팔리는 양의 3분지 1은 깨 먹기 일쑤였다. 화물차가 급정거라도 하면 쌓아 놓은 계란판이 넘어지고, 경사길과 겨울 빙판길도 위험했다. 수입은 형편없었다.

김장철에는 가락시장에 가서 도매로 배추를 구입해서 아파트 단지를 돌면서 팔았다. 당시는 지금보다 김장철 배추 수요가 많았다.

가정마다 100포기, 200포기 하는 것이 낯설지 않았다. 가정집 대문 앞에 차를 대고 한 사람은 트럭 화물칸에 올라가서 또 한 사람은 화물차 밑에서 "하나요, 둘이요, 셋이요" 하면서 배추를 내렸다. 배추와 함게 무도 내렸다. 우물가에 배추를 하나 가득 내리고 다음 집으로 이동했다.

하지만 김장철만 지나면 배추 장사는 그야말로 별 볼 일 없었다. 더구나 경험이 부족했던 만큼 제대로 수입을 내지 못했다. 그래서 나는 크게 사업을 하는 다른 사장 밑으로 들어가서 일을 했다. 들쭉날쭉한 수입보다는 월급을 받는 것이 낫다고 생각했다. 하지만 그것은 어디까지나 나만의 상상이었다. 월급 주는 사장 입장에서 보면 조금이라도 더 일을 시키고 싶었을 것이다.

사장은 졸리고 고된 구간은 나에게만 운전시켰다. 장거리 운전과 장시간 운전은 기본이었다. 아침 일찍 일을 나가서 밤늦게 돌아오다 보니 늘 잠이 부족했다. 이러다가 사고라도 날 거 같아서 불안했다. 몸도 지칠 대로 지치고 사고에 대한 불안감으로 일을 지속할 수가 없었다.

사실 월급이라도 많았으면 일이 아무리 고되더라도 참고 견디었을 것이다. 내가 희생하는 업무의 강도에 비해서 이 일은 나에게 거의 보상을 해주지 못했다.

더 늦기 전에 새로운 길을 찾아야 했다. 한 1년 빡쎄게 고생하고 돈을 모아서 내가 하고 싶은 일을 할 수 있는 것은 없을까 생각했다. 그리고 답을 찾았다. 방위 생활을 하면서 알게 된 친구들 3명과 함께 새로운 꿈을 찾아서 떠났다. 태백으로.

# 태백광산

무슨 일을 해야 빠르게 돈을 모을 수 있을까?

며칠을 고민했다. 주위에서 위험하지만 그래도 급여가 센 곳이 광산이라고 했다.

당시 우리나라의 난방 연료는 주로 연탄이었다. 흔히 구공탄이라고 하는데 구멍이 9개라서 구공탄이라 생각하면 오산이다. 구공탄이란 연탄에 구멍이 뚫린 모든 탄을 일컫는데 보통 연탄에는 19개의 구멍이 있다. 십구공탄에서 십을 빼고 편하게 구공탄이라고 불리었다.

우리나라에서 채굴되는 석탄은 무연탄이다. 연기가 나지 않는 석탄이란 뜻이다. 무연탄은 보통 가정 난방용으로 쓰인다. 요즘은 연탄구이 등으로 쓰이기도 한다. 반대로 연기가 나는 유연탄도 있다. 유연탄은 무연탄에 비해 휘발성과 화력이 높아서 화력발전소, 제철소 등에서 많이 쓰인다. 남한에는 유연탄이 없다. 하지만 북한에서는 유연탄이 많이 매장되어 있다. 그래서 우리나라는 유연탄을 전량 수입한다. 지금은 환경오염 문제와 RE100 정책으로 인해 화력발전을 줄여나가는 추세에 있다. 그렇다 보니 유연탄 수입량도 대폭으로 줄어들었으

1980년대 태백광산. ⓒ태백석탄박물관

며, 강원도에 그 많던 탄광도 더 이상 석탄을 캐지 않고 폐쇄했다.

나와 세 명의 친구는 무연탄을 캐는 광산에 취업하기로 하고 한 달 생활비를 들고 청량리역에서 기차를 타고 태백으로 갔다.

태백에 도착한 우리들을 보고 동네 사람들이 어디서 왔냐고 물었다. 우리는 태백광산에 취업하기 위해 왔다고 했다. 그 말에 사람들은 신기한 듯 우리들을 쳐다보았다. 젊은 사람들이 광산에 왜 왔을까 하는 표정이었다.

물어물어 우리는 태백광산에 가서 면접을 보게 되었다. 면접 보는 사람들도 젊은 사람이 왔다고 반기는 게 아니라, 젊은 사람들이 여긴 왜 왔냐는 의아한 표정이었다. 그도 그럴 것이, 광산의 갱부가 된다는 것은 인생의 마지막 몸부림이란 뜻이었다. 세상의 모든 노동 중에서 가장 힘든 노동이 광산의 노동이었다.

면접 보는 간부가 먼저 말을 꺼냈다.

"여기 탄광에서는 한 달에 몇 명씩 죽어 나간다."고 했다. 이 말에 한 친구는 자기는 허리 디스크가 있다면서 겁에 질려 면접을 더 이상 보지 못하고 도망갔다. 한 친구는 눈이 나빠서 불합격되었으며, 또 한 친구는 너무 어리다고 불합격이 되었다. 군대(방위)에서 막 제대한지라 내 나이도 겨우 스무두세 살에 불과했다. 면접관은 나에게 나이 등 이것저것 묻더니 젊은 친구가 여긴 왜 왔냐고 물었다. 나는 "한 3년 열심히 일하면 돈 천만 원 모을 수 있다는 얘기를 듣고 왔습니다. 열심히 일해서 3년 뒤에는 제가 하고 싶은 일을 하고 싶습니다."라고 답했다. 그랬다. 나는 탄광 광부로 인생을 살고 싶지는 않았다. 3년 열심히 일해서 사업 밑천을 만들고 싶었다. 사실 그때는 수많은 광부가 돈을 벌려고 강원도 탄광으로 향했고, 심지어 멀리 독일까지 갔던 시기였다. 다행히 나는 합격이었다.

면접관은 나에게 철암동에 있는 기숙사에 짐을 챙겨서 들어가라고 했다. 나는 뭐 짐이랄 것도 없었다. 철암천변을 따라 주택가 상가 건물이 이어졌다. 규모가 상당했다. 대부분 40대 이상의 남자들이었으며, 부부가 함께 와 있는 경우도 있었다. 더러 아이들의 목소리도 들렸다. 알려준 기숙사의 방으로 들어갔다. 대부분 50대 이상 아저씨들이었다.

그들도 면접관처럼 똑같은 질문을 했다. "젊은 친구가 서울에서 좋은 일을 하지. 여기 탄광까지 왜 왔는가?" "여긴 일이 하도 고되고 힘들어서 한 달에 몇 명씩 죽어 간다."는 말이었다. 실제 탄광에서 일하고 있는 사람들의 얘기를 들으니 나도 점점 자신이 없어졌다. 특히 함께 면접 왔던 친구 셋이 모두 떠난 상태다 보니 더욱 걱정되었다. 아무리 고되더라도 맘을 나눌 수 있는 친구가 있다면 훨씬 수월할 텐데 이제 그 친구들도 없이 이 외딴 탄광에서 나 혼자 견뎌내야 하는 것이다. 자신이 없었다.

결국 나는 다른 분들이 잠든 사이 나의 짐을 싸 들고 슬며시 나와 버렸다. 그리고 떨어진 친구들을 찾았다. 탄광에 떨어진 친구들이나, 탄광에 합격하고 도망 나온 나나 너무나 반가웠다. 우리는 그날 가져간 생활비를 털어서 술을 마시고 각자 다른 일을 찾아보자며 서울을 향해 기차를 탔다.

단 하루도 탄광에서 일하지 못했지만, 내 인생 젊은 날의 무모한 도전으로 영원히 기억에 남는 장면이다.

태백시는 철암동 탄광촌을 보존해서 지금은 '철암탄광역사촌'으로 꾸며서 관광지로 탈바꿈시켰다. 나는 비록 도망 나온 탄광이지만, 대한민국이 자랑하는 한강의 기적도 사실은 생사를 넘나드는 탄광촌의 광부들로부터 시작된 것이다. 그분들에게 언제나 경의를 표한다.

# 오토바이 가스 배달

태백광산에서 단 하루도 일을 하지 못하고 탈출한(?) 나는 다시 자양동에 있는 집으로 돌아왔다.

그 후 노력한 만큼 돈 나오는 일은 무엇일까 매일 생각하면서 여기저기 물어도 보고 관찰도 해 보았다. 그때 나의 눈에 들어온 것이 바로 가스 배달이었다.

시대는 점차 연탄이나 등유에서 LPG((Liquefied Petroleum Gas) 시대로 변하고 있었다. 서울에서는 이미 연탄보일러 대신 LPG 가스 보일러로 바뀌어 갔으며, 음식점의 연료도 연탄에서 가스로 대체되고 있었다. 연탄에 비해 부피도 작았는데, 화력은 매우 높았다.

당시 도시가스 보급이 제대로 안 되던 서울이었으니 LP 가스의 수요는 상상 이상이었다. 서울에는 주유소 만큼이나 LP가스 판매점이 많아졌다. LP가스는 엑화석유가스라고 하는데 프로판과 부탄의 혼합물이다. 프로판은 시동성이 높고 부탄은 발열량이 높다. 여름에는 발열량이 높은 부탄의 비율을 높이고, 겨울철에는 시동성이 좋은 프로판의 비율을 높여서 판매하게 된다.

1980년대 가스 배달 모습. 영화 비트 한 장면. 정우성

지금도 쓰고 있는 LPG 가스통에 충전해서 쓰는데, 당시는 오토바이에 LPG 가스통을 묶어서 배달했다. 차가 들어갈 수 없는 골목골목을 누벼야 하니 화물차보다는 오토바이가 효율적이었다.

나는 오토바이 한 대만 사 달라고 어머니를 조르고 설득했다. 이미 계란 장사를 하겠다면서 화물트럭을 백여만 원 주고 샀다가 제대로 일도 못 해 보고 큰 손해를 보고 판 경험이 있는 터라 어머니에게 그 돈이 있을 리 없었다.

어머니는 꾀를 내었다. 동네 친하게 지내는 아주머니들과 함께 계를 조직했다. 그리고 어머니는 1번으로 계를 탔다. 계란 것은 나중에 타는 사람들은 은행 이자보다 많이 받아서 좋고, 먼저 타는 사람은 은행 문턱이 높은데 목돈을 마련할 수 있어서 당시 전국적으로 유행했다. 지금도 계를 하는 사람들이 있긴 하지만, 계를 하다 보면 사고 나는 비율이 높아서 요즘은 거의 하지 않는다.

어머니가 1번으로 계를 탔다는 것은 매달 곗돈을 부으면서 갚아야한다는 말이다. 다시 말해 나는 오토바이를 할부로 구입한 것이다.

그때가 1986년이었다.

오토바이를 사서 나는 자양동에 있는 자양가스에 취직했다. 낮에는 직원들이 순서대로 배달을 했다. 저녁부터 새벽까지는 당번을 정해서 했는데 나는 당번을 자청해서 했다. 밤에 당번을 하면 순서를 기다리지 않고 배달을 갈 수 있었기 때문이다. 정확한 기억인지는 모르겠는데 가스 한 통을 배달하면 나에게 600원이 떨어졌다.

수입이 쏠쏠했다. 당시 공장에 다니면 월급이 20만 원 정도 했는데 첫 달에 내가 받은 수당은 무려 56만 원이나 되었다. 어, 이게 돈이 된다고 생각하면서 정말 열심히 일했다.

바람이 불든, 비가 오든 나는 오토바이를 몰고 자양동 구석구석을 신나게 누볐다. 일한 만큼 비례해서 수당이 나오는 것을 확인하다 보니 몸이 고달픈 줄도 몰랐다. 드디어 돈 되는 일을 찾은 것이다.

하지만 나의 즐거움도 오래 가지 못했다.

정신없이 가스 배달을 하다가 횡단보도 인근에서 초등학생을 치었다. 무단횡단하는 초등학생을 미처 발견하지 못하고 사고를 낸 것이다. 경찰은 횡단보도에서 사고를 냈다며 교통사고특례법을 적용해서 구치소 수감했다. 나는 사고 난 지점이 정확하게 횡단보도도 아니고 사고를 당한 아이의 부상도 경미해서 금방 풀려나리라 생각했다.

하지만 일은 그렇게 쉽게 풀리지 않았다. 담당 검사는 나에게 피해자와 합의를 보라고 했다. 하지만 나에겐 합의 볼 돈이 없었다. 결국 정식 재판에 넘겨져서 1심 재판에서 징역 10개월 실형을 받았다. 집행유예를 예상했는데 실형이라는 사실이 믿기지 않았다. 나는 즉각 성동구치소에 수감되고 말았다.

막상 실형을 받고 구치소에 수감되니 앞이 캄캄했다. 어느 날 면회 온 큰형에게 피해자를 만나서 합의를 봐 달라고 했다. 합의금은 내가 어떻게 해서라도 갚을 테니 100만 원만 빌려달라고 했다. 형은 그렇게 하겠다고 했다.

당시 큰형은 인쇄소에 다니고 있었다. 그 공장 옥상에 있는 옥탑방에는 장애를 갖고 있는 사법고시생이 있었는데 가까이 지냈다고 했다. 그런데 그 고시생은 사법고시에 패스하여 수원에서 판사를 하고 있었다. 형은 그 판사에게 연락해서 자초지종을 말했다고 했다.

형의 지인 찬스가 통해서였는지 합의를 마치고 2심 재판에서 나는 집행유예를 받았다. 1심 재판 전에 합의를 봤다면 몇 개월의 옥살이를 면할 수도 있었을 것이라 생각한다.

집행유예란 징역형을 받았지만 초범이고 피해자와 원만한 합의를 보거나 반성을 많이 해서 동일 범죄를 저지를 가능성이 없어 보일 때 내리는 것이다. 하지만 전과 기록에는 남게 된다. 나로서는 매우 뼈아픈 인생의 멍에와도 같은 오명을 안게 되었다.

이렇게 하여 나는 1심 판결 이후 성동구치소에서 100여 일을 보내고 해가 바뀐 첫날인 1987년 1월 1일 영등포구치소에서 석방되어 나왔다.

# 본격적으로 가스 사업을 시작하다

출소 이후에 나는 즉시 가스 배달을 시작했다.

형에게 빌린 100만 원도 갚아야 해서 전에보다 더 열심히 일했다. 하지만 열심히 일한다고 해서 불행이 피해 가는 것은 아니었다.

그날도 나는 오토바이에 가스통을 매달고 도로를 달리고 있었다. 그런데 느닷없이 불법 좌회전을 하는 화물트럭에 치이고 말았다. 오토바이가 넘어지고 나는 아스팔트에 뒹굴면서 이렇게 죽는구나 하고 정신을 잃었다.

내가 의식을 찾은 것은 사흘 뒤 지금은 건국대병원인 당시 민중병원 중환자실이었다. 자양동에서 사고가 나다보니 의식 잃은 나는 응급차에 실려 가장 가까운 응급실이 있는 민중병원으로 이송되었다. 머리가 찢어져 칭칭 붕대를 감았고, 다리와 팔도 아스팔트에 부딪히고 긁히어 타박상과 찰과상으로 붕대를 감고 있었다.

의식을 되찾았지만, 불행은 계속 진행되고 있었다. 나에게 사고를 낸 화물차는 무보험 차량이었다. 자동차 보험도 못 들 정도였으니 이 사람에게 재산이 있을 리 없었다. 이 사람은 내가 민중병원에 입원한 것까지 확인하고 경찰 조사도 받고 나갔는데 이후 잠적했다. 의식을 되찾은 나는 사고 피의자를 허술하게 풀어준 담당 경찰관에게 항의했다.

이제 다급한 것은 막대한 병원비였다. 교통사고다 보니 일반 건강 보험으로는 처리가 되지 않았다. 나에게는 병원비를 해결할 돈이 없었다. 나는 사고 피해자이니 퇴원시켜 달라고 병원에 항의했다. 병원에서는 병원비가 정산되지 않으면 퇴원시킬 수 없다고 거절했다. 나는 다시 담당 경찰에게 당신 때문에 일을 망쳤다고 항의했다. 우여곡절 끝에 담당 경찰이 자기가 보증하겠다고 했다면서 퇴원을 합의 봤다고 했다. 이렇게 해서 겨우 나는 퇴원할 수 있었다.

깨어났을 때는 무보험 차량 사고와 병원비 정산으로 정신이 없었지만, 내가 의식을 잃고 중환자실에 있을 때 가족들은 내가 죽는 줄 알았다고 했다.

가스 배달을 시작하자마자 한번은 내가 사고를 내고, 또 한번은 내가 사고를 당하면서 정말 요란하게 신고식을 했다.

이번 사고에도 불구하고 나는 다시 가스 배달을 위해 직장에 복귀했다.

나의 근성이 맘에 들었는지 나를 지켜보던 가스 판매점 사장님이 이른바 스카우트 제의를 해왔다. 그분은 모두 6개의 판매점을 운영하고 있었는데 성남에 있는 판매점의 소장 자리를 나에게 맡겨준 것이다.

나에게 들이었던 불행의 먹구름이 걷히고 새로운 세상이 열리는 순간이었다.

지금까지는 내가 일하는 만큼 수당을 받는 구조였다면, 그의 제안은 나에게 직접 운영을 맡겨서 가스 몇 톤을 팔면 자신에게 확정된 마진을 주고 나머지는 나의 수익으로 가져가라는 것이었다. 가스 배달 수수료보다 훨씬 많이 남는 구조였다. 자본금이 들어가는 것도 아니고, 직접 경영을 배우면서 나만 열심히 하면 얼마든지 돈을 벌 수 있다고 생각했다. 그래서 그의 제안을 받아들였다.

나는 전화로 주문도 받고 오토바이로 직접 배달도 하면서 그야말로 잠자는 시간 외엔 모두 일에 바쳤다. 혼자서는 도저히 감당이 안 되어 가스 배달원 3명과 주문 전화를 받는 직원을 고용하기도 했다. 당연히 순번을 기다리면서 가스 배달을 했을 때보다 수입이 훨씬 좋았다.

나의 수입만 좋은 것이 아니었다. 가스 판매점의 매출도 늘어나서 사장님은 매우 흡족해했다. 그 사이 큰형님에게 빌린 100만 원도 모두 갚았다. 1년 정도 지나자 사장님이 매출이 줄어서 고생하고 있는 면목동의 한 가스 판매점을 소개해 주었다.

면목동의 가스 판매점은 여사장님이었는데, 전 사장님보다 좋은 조건으로 일하게 되었다. 1년 정도 지나자 면목동의 가스 판매점도 정상궤도에 올라섰다.

두 개의 가스판매점 소장을 거치면서 나는 가스 판매점 영업에 대한 노하우를 터득하게 되었다. 그즈음 상도동에 있는 가스판매점이 매물로 나왔다. 자신감으로 충만했던 나는 직접 가스 판매점을 운영하기로 마음먹었다. 하지만 그동안 내가 모은 돈은 2천만 원에 불과했다. 가스 판매소를 운영하려면 적어도 1억이 필요했다. 직장도 집도 변변치 않은 나에게 은행에서 대출을 해줄 리가 없었다. 어떻게든 묘수를 내야 했다.

가스 판매점에서 대출을 받는 방법 중 가장 좋은 방법은 금리가 싼 은행에서 대출을 받는 것이다. 하지만 은행의 문턱은 처음 시작하는 나에겐 너무나 높았다.

두 번째 방법은 내가 운영하는 가스 충전소에 가스를 공급해 주는 회사에서 여신을 받는 것이었다. 자신들의 가스만을 팔아주니 그들 입장에서도 시장을 확보하는 좋은 전략 중에 하나가 여신을 대출해 주는 것이다. 이 방법은 사실 널리 쓰이는 방법 중에 하나이다. 주점을 오픈하면 유명 브랜드 소주 업체가 대출을 해준다든지, 프렌차이즈 점을 오픈하면 프렌차이즈 본사에서 대출을 해주는 것이다. 업주 입장에서 마냥 좋은 것만은 아니다. 은행이자 보다 높은 이자를 내야 하는 것을 각오해야 하기 때문이다. 하지만 이자가 아무리 높아도 수익이 생긴다면 두려워할 이유가 없었다. 경영이 짧았던 나였지만 세상에는 그런 말도 있다. "부채도 자산이다" 빚을 낼 수 있는 것 자체가 사회적으로 인정을 받고 있는 것이라고 할 수 있다.

나는 우리에게 가스를 공급하고 있는 회사의 영업사원에게 나의 포부와 여러 사정을 얘기했다. 두 번의 걸친 소장 자리에서 보인 나의 성과도 얘기했다.

여신 담당 직원이 한번 보자고 했다. 이 말은 긍정적인 신호였다. 대출을 해줄 수도 있으니 만나서 얘기해 보자는 말이다.

이때 내 나이 겨우 29살이었는데 나는 이 말의 뜻을 정확히 알아들었다. 나는 그를 장한평역에 있는 유흥 주점으로 초대했다. 지금도 흔적이 남아 있지만 장한평역에는 중고 자동차 시장과 자동차 관련 공업사가 밀집되어 있었으며 유흥 시설이 밀집되어 있었다.

나는 생전 처음 접대부가 나오는 룸살롱에 가서 영업사원의 비위를 맞추며 술을 사고 노래를 부르면서 그의 기분을 맞춰주었다. 나는 이날 접대란 것도 처음 해 보고, 룸살롱이란 곳도 처음 가봤다. 그리고 효과는 바로 나타났다.

다음날 여신이 실행되어 나의 계좌에 입금이 되었다. 나의 은행 상호부금 대출과 작은 누나에게 부탁해서 원금과 이자 모두를 내가 불입해 주는 조건으로 빌린 상호부금 대출을 합하여 1억 원이 마련되었다. 비록 내가 모은 돈은 2천만 원이지만 여신과 대출로 얻은 8천만 원을 모아 드디어 1억 원이라는 거금이 내 손에 들어왔다. 나는 마냥 행복했다. 드디어 내가 나의 사업을 시작할 수 있게 된 것이다.

이렇게 되어 나의 첫 사업 '강남가스'가 탄생되었다. 나이 29살 1991년이었다.

# 나의 첫 사업 강남가스

1991년 29살의 나이로 서울시 동작구 상도1동에 강남가스라는 사업체를 갖게 되었다.

무일푼으로 고향을 떠나와서 고등학교 1년 중퇴의 학력으로 성실하게 일해서 나의 사업체를 갖게 된 것이다.

1986년 처음으로 오토바이를 이용해 가스 배달을 하던 청년이 5년 만에 가스 판매점의 사장이 된 것이다. 감회가 남달랐다.

나는 소장을 하면서 직접 가스 배달을 했던 것처럼 사장이 되어서도 직접 배달하는 것을 마다하지 않았다. 직원 여러 명을 두고 운영했지만, 사장이라고 해서 일을 게을리하지 않았다.

소장을 할 때는 오토바이 배달이 많은 비중을 차지했지만 점차 계획 배달을 하면서 트럭으로 교체하여 안정적인 가스 공급을 하게 되었다.

나는 여전히 아침 6시에 일을 나가서 밤 12시, 심지어는 새벽에도 배달을 했다. 일밖에 모르고 살았다고 해도 과언이 아니다.

초심을 잃지 않고 성실하게 일하고 나니 2년 뒤에는 1억의 대출금을 모두 갚았다. 그래서 나는 다시 대출을 일으켜서 또 다른 가스 판매점을 갖게 되었다. 나의 사업체 2호점을 갖게 된 것이다.

다시 2년이 지났을 때는 그 빚도 갚고, 다시 대출을 일으켜 3호점, 4호점까지 갖게 되었다.

1996년 가스를 공급해 주는 영업부장에게 빚을 다 갚겠다고 했다. 부장은 깜짝 놀라면서 나에게 물었다.

"왜요? 무슨 섭섭한 일이 있어요?"

나는 아니라고 대답했다.

"그럼, 이자가 싼 다른 곳으로 바꾸시려고요?"

나는 그것도 아니라고 말하면서 남은 여신을 다 갚을 테니 우리에게 공급해 주는 가스 단가를 Kg당 10원 싸게 공급해 달라고 했다.

부장은 웃으면서 그렇게 해주겠다고 했다. 부장은 사실 내 요구가 받아들여지지 않는다면 내가 가스 공급업체를 바꿀 수도 있다고 생각했을 것이다.

이렇게 해서 나는 다른 판매점보다 Kg당 단가가 10~20원 싸게 공급받을 수 있게 되었다. 그렇다 보니 가격 경쟁력에서 앞설 뿐만 아니라 재무 상태도 매우 좋아졌다.

대출은 내가 사업체를 할 수 있게 한 힘이 되었다. 대출을 통해 사업체만 일군 게 아니었다. 나의 아파트도 대출을 통해 구입했다. 대출금을 다 갚고 나면 그 집을 팔고 좀 더 나은 집으로 다시 대출을 통해 이사를 했다.

나의 작은 성공 뒤에는 나의 성실함이 기본이었겠지만, 대출이란 제도를 통해 사업을 시작할 수 있었다.

가스를 배달하면서 그 수수료에 만족하였다면 나는 영원히 그 삶의 굴레를 벗어나지 못했을 것이다. 나는 가스사업의 미래가 밝을 것이라 확신하고 과감하게 사업을 시작했다.

내가 그동안 지나온 많은 일자리 중에서 가스는 지금의 나를 있게 한 고마운 성장 발판 직업이었다. 가스 판매업을 통해서 나는 결혼도 했고, 집도 마련할 수 있었고 못다 한 공부도 했고 지역 정치를 할 수 있었다.

강남가스가 안정되면서 나는 지역 청소년 선도위원장을 맡아 지역 사회의 학생들에게 장학금을 매년 지급하기도 했다.

사회적으로 성공했다고 할 수도 있었으나, 나에게는 콤플렉스가 하나 있었다. 제대로 공부를 해 보지 못했다는 것이다. 아이들의 장학금을 주면서 나의 어린 시절을 회상해 보게 되었다. 고등학교조차 마치지 못하고 상경해서 소처럼 일만 해 온 내가 가엾어졌다. 그래서 나는 뒤늦은 나이에 공부를 다시 시작하기로 했다. 고등학교에 들어가는 것이었다.

그때가 바로 2003년이었다.

# 마흔셋 나이에 대학생이 되다

2003년 41살의 나이로 멀리 화곡동에 있는 고등학교에 입학하기 위해 찾아갔다.

일반 고등학교는 아니고 대안학교였다. 늦은 나이에 고등학교에 입학한다고 하니 교장 선생님은 물론 선생님들까지 놀라는 눈치였다.

1학년 과정부터 시작하라는 제안에 나는 고등학교 1년 과정을 마쳤으니 2학년에 편입해 달라고 했다. 그랬더니 학교에서는 전에 다니던 고등학교에 가서 학적부를 떼어 오라고 했다.

이렇게 해서 나는 오랜만에 고향을 찾아갔다. 다행히 내가 다니던 학교에 고등학교 1학년을 마치고 자퇴했다는 기록이 남아 있었다.

그 사이 나의 고향도 많이 변해 있었다. 내가 놀던 동진강은 새만금 간척사업으로 강의 흔적만 남아 있었다. 이제 나의 고향은 추억에만 남아 있었다.

이렇게 해서 나는 고등학교 2학년으로 편입할 수 있었다. 나의 아내는 세 딸에 이어 팔자에 없는 나의 학부모, 아니 정확히 얘기하면 부(父)가 아니라 아내 처(妻)이니 학처모('學妻母)가 되었다고 봐야 할 것이다.

나는 열심히 공부했다. 뒤늦게 시작한 학업이라 남들보다 어려웠지만 2학년 2학기 때부터 졸업할 때까지 늘 장학생이었다.

고등학교를 마치게 되니 이제는 대학을 가야겠다는 생각이 들었다. 마흔셋 나이에 수시 전형에 응시했다.

여러 학교가 있었는데 영어가 딸렸던 나는 면접에 엄두가 나지 않았다. 다행히 숭실대학교는 영어 면접이 없었다. 그래서 도전하기로 했다.

나는 숭실대학교 벤처기업중소기업학과 수시에 응시했다. 3명 뽑는데 50명은 넘게 지원했다.

면접 보는 날, 다른 학생들보다 늦게 도착했다. 다른 학생들은 강의실 책상에 앉아서 면접 보는 교수님이 오기를 기다리고 있었다. 나는 강의실 앞문을 통해 들어갔다. 그런데 학생들 몇 명이 반사적으로 일어나는 것이었다. 아마도 내가 교수님인 줄 알았던 모양이다. 그럴 만도 했다. 흰머리도 더러 보이는 43살의 아저씨가 강의실 앞문을 통해 들어오니 교수라고 착각할 만도 했을 것이다. 나는 겸연쩍은 모습으로 강의실 빈 책상을 찾아서 앉았다. 일어났던 학생들이 피식 웃으며 다시 자리에 앉았다.

잠시 후에 진짜 교수님들이 강의실 앞문을 통해 들어왔다. 모두 3명이었다. 내가 들어왔을 때처럼 많은 학생들이 일어서니 다른 학생들도 덩달아 일어섰다. 그 중 한 교수님이 자리에 앉으라고 손짓했다.

교수님의 학과 소개와 지원해 줘서 감사하다는 말씀이 끝나고 바로 면접이 이어졌다. 지원동기를 묻고 시사 관련 의견을 물어보았다. 난이도는 높지 않았으나 학생들이 갖고 있는 기본적인 소양과 태도를 보고자 함이었던 것 같다.

나의 차례가 왔다. 나는 담담하게 교수님들 앞에 있는 의자에 앉았다. 교수님들 앞에는 이미 서면으로 제출한 자기소개서가 있었다.

자기소개를 하라 하기에 나는 고등학교 1학년 중퇴를 하고 사회생활을 하다가 뒤늦게 다시 공부를 시작하여 고등학교 과정을 마치고 대학에 가기로 결심했다고 말했다. 숭실대가 있는 이곳 상도동에서 강남가스를 운영하면서 청소년 선도위원장으로서 중·고등학생들에게 장학금도 줬다며 나에 대한 소개를 마쳤다.

사회 이슈 질문에 대해서는 내가 다른 학생들보다 대답을 잘한 거 같다. 아무래도 공부만 했던 어린 학생들보다는 사회생활을 오래 했던 내게 유리했으리라 생각된다.

한 교수님이 말씀하셨다.

"장학금 주던 사장님이 학생으로 왔네요."

또 다른 교수님이 말씀하셨다.

"공부도 잘하고… 우리도 늦깎이 학생 한번 맞지요?" 이렇게 말하는 것이었다. 다른 교수님들도 고개를 끄덕이며 수긍하는 눈치였다.

그래서 나는 합격자가 발표되기도 전에 합격했다는 것을 알았다. 이렇게 해서 나는 3명 뽑는 수시에서 합격했다. 이때 같이 합격했던 학생이 안수현과 화현이었다. 이들과는 학교생활을 하면서 나이를 넘나드는 우정을 쌓았다.

학교에 입학한 이후 이 친구들이 나를 뭐라고 부르면 좋겠냐고 물었다.

"오빠라고 불러라."

"에이, 말도 안 돼요. 그냥 아저씨라고 부를래요."

"아저씨라고 부르면 너네들 술 안 사준다."

"그럼 삼촌이라고 부를께요."

"그래 알았다. 남자들은 형님. 여자들은 삼촌."

이렇게 해서 동기생들은 삼촌이라고 부르면서 나를 잘 따랐다. 그도 그럴 것이 술도 잘 사주고 밥도 잘 사주니 인기가 없을 래야 없을 수가 없었다.

나는 학생이지만, 강남가스라는 사업을 하고 있었기 때문에 다른 동기생들과 매일 어울리지는 못하였다. 그래도 일주일에 한 번 정도는 동기들과 어울려 밥도 먹고 술도 한 잔씩 했다.

어떤 때는 동기생들이 잔뜩 술을 먹고 취해서 우리 집에 처들어오기도 했다. 그럴 때마다 나의 아내는 그들을 반갑게 맞이해줬다. 술을 함께 더 마시고 학생들은 우리 집에서 자고는 다음날 학교에 가기도 했다.

나이가 많았지만, 삼촌 삼촌 하면서 잘 어울려준 동기생들 덕분에 학교생활을 유쾌하게 잘 마칠 수 있었다.

# 2장

## 노무현의 정신으로 정치를 시작

# 내가 정치를 하게 된 이유 노무현

대학 생활과 가스 판매점 일을 하면서 정신없이 보내고 있었다. 민주당을 지지하긴 했지만, 적극적으로 정치적인 문제에 관해서는 관심을 두고 살지 않았다.

김대중 대통령을 통해 평화적인 정권교체도 해 보았고, 노무현이라는 보기 드문 대통령도 갖게 되었다. 세상은 순리대로 잘 돌아가고 있었다.

나만 열심히 하면 얼마든지 성공할 수 있다고 생각했다. 그것을 증명하는 것이 바로 나 자신이라는 자만심도 있었을 것이다.

하지만, 나의 그 생각이 언제든지 뒤집힐 수 있는 취약한 구조라는 것을 알게 되었다. 그것이 바로 노무현 대통령에 대한 국회 탄핵이다.

2004년 3월 12일 오후 5시 15분 노무현 대통령에 대한 국회 탄핵 의결안이 통과되었다. 그 시간부터 헌법재판소의 판결이 있을 때까지 대통령으로서의 권한이 정지되었다.

나는 이 뉴스를 지인들과 저녁에 식당에서 밥을 먹다가 TV를 통해 보았다. 설마 새천년민주당이 자기들이 뽑은 대통령을 탄핵까지 할 것이라고는 생각지도 못했다.

그 뉴스를 보는 순간 나도 모르게 "이런 개새끼들. 이게 말이 돼!"라고 내뱉었다. 나는 밥을 먹다가 갑자기 눈물이 터졌고 식당에서 창피한 줄도 모르고 꺼이꺼이 소리 내어 울고 있었다.

노무현 대통령은 경인지역 6개 언론사와 가진 합동 회견에서 "개헌 저지선까지 무너지면 그 뒤에 어떤 일이 생길지는 나도 정말 말씀드릴 수가 없다."라고 말했다. 또한, 송기자 클럽 초청 대통령 기자회견에서 "국민들이 총선에서 열린우리당을 압도적으로 지지해 줄 것을 기대한다.", "대통령이 뭘 잘해서 열린우리당이 표를 얻을 수만 있다면 합법적인 모든 것을 다하고 싶다."라고 발언한 것이 선거 중립의무 위반이라면서 국회서 탄핵이 의결되었다.

식당에서 텔레비전 방송을 보는 대부분의 사람도 설마 했던 일이 실제로 벌어지고 나니 황당하다는 반응이었으며 여기저기서 입에 담지 못할 욕설이 튀어나왔다.

합법적인 모든 것을 다하고 싶다. 이 말이 탄핵 사유가 된다는 말인가? 수단과 방법을 가리지 않고 다하고 싶다, 정도 되어야 말이 되는 거 아닌가? 심지어 '하고 싶다'라는 것이다. '하고 싶다'라는 말은 현실적으로 어렵다는 인식이 깔려 있는 것이다.

국회에서 노무현 대통령에 대한 탄핵이 의결된 이후 광화문 세종로에는 수십만 명이 촛불을 들고 나와 저항했다.

이제 남은 절차는 헌법재판소의 탄핵 심판을 기다리는 것뿐이었다. 헌법재판소에서 대통령에 대한 탄핵소추를 기각해 줄 것을 요구하면

2004년 3월 13일 노무현 대통령 탄핵을 규찬하는 집회. 노무현 사료관

서 서울뿐만 아니라 전국적으로 대규모 탄핵 반대 시위가 이어졌다.

나는 그때 생전 처음 시위대의 일부가 되었다. 도저히 참을 수가 없었다. 말도 안 되는 이유를 들어서 대한민국의 대통령을 끌어내리려는 이 시도를 도저히 묵과할 수 없었다.

노무현 대통령에 대한 탄핵 심판이 헌법재판소에서 기각될 것을 고대하며 학업과 생업을 뒤로한 채 촛불을 들고 거리를 지켰다. 그리고 마침내 2004년 5월 14일 헌법재판소에서 탄핵이 기각되면서 대통령이 돌아왔다.

그때 나는 나의 대통령을 뺏어가려는 저들의 파렴치한 행태에 대해 직접 싸우기로 결심했다. 노무현 대통령이 합법적인 범위 내에서 열린우리당이 승리할 수 있도록 하고 싶다고 했는데, 나는 2년 뒤에 다가오는 지방선거에서 열린우리당의 선수로 뛰겠다고 결심했다.

풀뿌리 민주주의 지방정부에서 노무현 대통령의 개혁 정책을 지지하고 성과를 내야겠다고 결심했다.

# 노무현 대통령 없는 국회의원 선거

다가오는 국회의원 선거에서 열린우리당이 승리하기를 바란다는 인터뷰로 국회에서 탄핵당해서 대통령으로서의 직무가 정지된 상태에서 2004년 4월 15일 제17대 국회의원 선거가 치러졌다.

대통령이 없는 상태에서 치러진 선거였는데 역설적으로 노무현 대통령 이슈가 선거를 지배했다. 탄핵을 주도했던 제1야당 한나라당과 민주당은 역풍을 맞았다.

국회의 대통령 탄핵 의결 이후 전국적으로 일어난 탄핵 반대 촛불 물결은 다른 정책 대결을 무의미하게 만들었다. 선거 결과는 열린우리당이 152석을 차지하며 16년 만에 여대야소 정국이 부활되었다. 한나라당은 121석을 차지했으며, 민주당은 9석을 차지하는 데 그쳤다. 탄핵에 반대했던 진보정당인 민주노동당이 12석을 차지하면서 제3당으로 부상하는 큰 변화가 일어났다.

이때 열린우리당을 통해 그동안 민주당 내에서 지역 기득권에 발목이 잡혀 원내에 진출하지 못했던 정치 신인들이 대거 국회에 입성했다.

흔히 선거는 구도와 바람 인물이 중요하다고 했는데 구도와 바람이 지배한 선거였다. 그때 당선된 열린우리당의 신인 국회의원들은 노무현이라는 탄핵된 대통령의 후광 덕이라고 봐야 할 것이다. 그때 당선된 열린우리당의 초선 의원들은 자신을 '탄돌이'라고 한다. 탄핵이라는 바람 속에 얼떨결에 국회의원이 되었다는 뜻이다.

비록 나는 그 선거에 출마하지 않았지만, 열린우리당의 국회의원 당선을 위해 열심히 뛰었다. 후보는 아니었지만 처음 경험해보는 선거였다.

내가 소속되어 있는 서울시 동작구을 지역은 현대자동차 사장 출신인 이계안이 열린우리당의 후보로 출마해서 현역인 민주당의 유용태 후보를 꺾고 당선되었다.

국회의원 선거에서의 대승으로 이후에 노무현 대통령에 대한 탄핵 반대 여론은 더욱 높아졌다. 그리고 마침내 한 달 뒤 대통령이 돌아왔다.

지금 생각해 보면 말도 안 되는 탄핵 사유였다. 지난 2024년에 치러진 국회의원 선거에서 윤석열이 보인 노골적인 선거 개입에 비한다면 노무현 대통령의 발언은 전혀 문제될 것이 없다.

국회의원들은 대통령이 선거 중립의 의무를 저버렸다고 대통령을 탄핵했지만, 국민은 말도 안 되는 사유를 들어 대통령을 탄핵한 세력들을 표로써 심판했다.

국회의원 선거 이후 나는 2년 뒤에 있을 지방선거에 출마할 뜻을 굳혔다.

# 제4회 지방선거 출마

지방자치는 내가 제일 존경하는 김대중 대통령의 유산이다.

김대중은 박정희 정권 시절인 1970년 1월호 사상계에 발표한 〈70년대의 비전-대중 민주체제의 구현〉에서 다음과 같이 주창했다.

"지방자치는 프랑스의 저명한 정치학자 토크빌이 민주주의 발전의 온상(溫床)이라고 격찬했고 단체법 이론으로 이름이 높은 오토 폰 기르케가 '인간의 협동성을 육성하는 기초'라고 갈파한 바 있으며 의회주의와 더불어 민주정치의 양대 골간임은 주지의 사실이다. 그럼에도 불구하고 박 정권은 헌법에 명문으로 규정된 지방자치의 실시를 고의로 거부하고 있다. 현 정권은 세법 개정 기타 조치로서 얼마든지 개선할 수 있는 지방재정의 자립 문제를 명분으로 내세워 헌법이 규정한 지방자치를 거부하고 있으나 이것은 어디까지나 밖으로 내세운 명분에 불과하다. 그들의 진정한 의도는 국민의 정치의식의 성장을 억압하고 행정 만능과 부정선거의 자유를 계속 확보하는 동시에 야당 정치세력이 야당다운 야당으로 발전할 전초기지를 말살하는 데 있는 것이다."며 "대중의 민주적 권리 향상과 국민적 단결을 양립시킬 수 있게 지방자치제를 실시하며 지방민의 자치 역량과 이익을 개발하고 관권의 부패를 자체적으로 시정케 한다.”라고 했다.

박정희 군사정부는 3선 개헌에 이어 종신집권을 위한 유신헌법을 만들었다. 유신헌법 부칙 제10조는 “이 헌법에 의한 지방의회는 조국 통일이 이루어질 때까지 구성하지 아니한다.”라고 규정하여 지방자치제 논의 자체를 원천적으로 봉쇄해 버렸다.

1979년 10월 26일 박정희가 중앙정보부장 김재규에 의해 제거되고 전두환 군사정권을 지나 노태우 정부에 이르기까지 지방자치제는 실시되지 않았다.

김대중은 1990년 10월 8일부터 29일까지 22일간 지방자치제 실시 관철을 위한 단식 투쟁에 들어갔다.

단식 중 당시 김영삼 민자당 대표최고위원이 병실을 찾아왔을 때, “나와 김 대표가 민주화를 위해 싸웠는데 민주화란 것이 무엇이오. 바로 의회 정치와 지자제가 핵심 아닙니까. 여당으로 가서 다수 의석을 가지고 있다고 해서 어찌 이를 외면하려 하시오.”라고 말했다고 자서전에서 밝혔다.

마침내 1990년 12월 6일 지방자치제 실시에 관한 여·야 합의가 이루어졌다. 1991년 6월 30일 이내 기초 및 광역 지방의회를 구성하고, 1992년 6월 30일 이내 기초 및 광역 지방자치단체장 선거를 실시하자는 것이었다. 이로써 1961년 5·16 군사쿠데타로 중단되었던 지방자치제가 불완전하지만 30년 만에 부활했다.

그러나 정부·여당은 1992년 6월 30일 이내 실시하기로 되어 있던

자치단체장 선거를 처음부터 실시하지 않으려 하였다. 1992년 1월 10일 노태우 대통령은 단체장 선거를 일방적으로 연기한다고 발표하면서 이 문제를 제14대 총선에서 민의를 묻겠다고 하였다. 제14대 총선 결과 민자당은 유효투표 총수의 38.5%로 과반수 의석을 얻지 못하였다. 그럼에도 불구하고 법 규정대로 지방자치단체장 선거를 실시하지 않았다.

지방자치단체장 선거 실시 문제로 김대중 · 김영삼 · 정주영 정당 대표 간에 협상이 전개되었으나 김영삼 당시 민주자유당 대표의 반대로 합의가 이루어지지 않았다. 법으로 규정한 지방자치단체장 선거 실시가 이루어지지 않은 채 1992년 12월 18일 제14대 대통령 선거가 실시되었고 김영삼이 당선되었다.

대통령이 된 김영삼은 지방자치제 실시를 받아들였다. 그리고 마침내 제1회 전국동시지방선거가 1995년 6월 27일 치러졌다. 원래 지방자치 단체장 및 지방 의회 의원들의 임기는 4년이었으나, 국회의원 선거와 격년마다 교차해서 치르기 위해 첫 선거에 한해서는 임기를 3년으로 하여 1996년 제15대 국회의원 선거로부터 2년 후인 1998년에 제2회 전국동시지방선거를 치르기로 하고, 이때부터는 임기를 4년으로 하기로 했다.

비록 선거는 김영삼 정부 시절 처음 실시했으나, 지방자치제를 부활시킨 사람은 김대중이라고 할 수 있다.

국회의원 선거를 통해 여당인 열린우리당은 과반의 의석을 차지하게 되었다. 하지만 노무현 대통령의 지지율은 발표될 때마다 내리막

길이었다. 노무현 대통령은 자신의 지지자만 바라보고 정치를 한 것이 아니라, 대한민국의 미래를 보고 정치를 했다. 탄핵 이전에 이루어진 이라크 파병과 다시 대통령으로 복귀해서 추진한 한미 FTA가 대표적이었다.

FTA란 자유무역에 기초해서 국가와 국가 간 관세를 없애는 협정이었다. 보통 경쟁력이 뒤지는 국가는 자국의 산업을 보호하기 위하여 관세를 매겨서 선진국의 물품 가격을 인상한다. 그래야만 품질이 좀 떨어지더라도 가격이 싼 자국의 물건이 팔리기 때문이다. 그런데 세계 1위 미국을 상대로 FAT를 한다고 하니 노무현의 전통적인 지지층이 동요하기 시작했다. 미국과 FTA를 하면 한국은 반드시 망할 것이라며 극렬한 시위가 일어났다.

노무현을 대통령으로 만든 세력들이 노무현 대통령의 정책을 반대하며 거리에 나선 것이다. 그런 어수선한 상황에서 치러지는 지방선거이다 보니 여당에게 매우 불리하게 돌아갔다.

지금 돌이켜보면 미국과 과감하게 시행한 FTA를 해서 득을 본 쪽은 대한민국이었다. 현재까지도 일본은 미국과 FTA를 체결하지 않았다. 그렇다 보니 자동차, 반도체, 철강 등 한국의 대표적인 업종이 호황을 이어갔다.

노무현 대통령의 FTA 결단은 대통령이란 자리가 어떤 자리인지 상징적으로 보여주는 사례였다. 비록 지지층이 반발하더라도 대한민국의 미래를 위해서 해야 한다면 과감하게 실행해야 하는 자리란 것이다. 지금 현재 트럼프가 한미 FTA를 무력화하고 보호무역을 펼치고 있는데, 당시 노무현 대통령의 과감한 FTA 체결이 얼마나 훌륭한 결정이었는지 다시 한번 보여준다.

지금은 역대 대통령 중 가장 사랑받는 역대 대통령이 되었지만, 당시 노무현 대통령은 인기가 없었다. 없어도 너무 없었다. 언론 환경도 좋지 못해서 여기저기서 노무현 비난만 하는 뉴스로 도배되었다. 모든 게 다 노무현 탓이었다. 그때 최고 유행어가 "이게 다 노무현 때문이다"라는 말이었다.

그런 불리한 상황 속에서 2006년 5월 31일 제4회 전국동시지방선거가 있었다.

정치를 하겠다고 마음먹고 처음으로 직접 뛰어든 선거였다. 당시 나는 숭실대학교 2학년에 재학중으로 서울시 동작구의회 마선거구(사당5동, 상도1동)에 출마했다.

정치를 시작한 직접적인 계기는 노무현 대통령 탄핵에 대한 분노에서 출발했지만, 나는 동작구 지역에서 가스 판매 사업을 15년간 해오면서 지역 활동에 적극적이었다. 장학금을 내놓기도 했으며, 청소년선도위원장, 명예시민경찰 등 다양한 지역봉사활동을 지속적으로 해왔다. 처음부터 정치적 이익을 목적으로 의도한 봉사활동은 아니었지만, 정치에 뛰어든 나에게 꾸준한 봉사활동은 많은 도움이 되었다.

봉사활동을 하다 보니 지역의 쌓인 현안이 눈에 들어왔다. 나는 그동안 해왔던 봉사활동보다 더 효과적인 봉사를 할 수 있는 것이 구의원이라고 생각했다.

선거 운동 과정에서 내 가족의 헌신은 말할 것도 없고 숭실대에서 함께 공부했던 동료 학생들이 많은 도움을 주었다. 그들은 '삼촌' '형님'을 위해 유세차 위에서 율동하면서 내 이름을 연호해 주었다.

2년 전 국회의원 선거와 마찬가지로 민주 진영은 열린우리당과 민주당이 분열된 채 선거를 치렀다. 하지만 결과는 2년 전 국회의원 선거와는 딴판이었다. 인기 없는 노무현 대통령으로 인해 한나라당이 휩쓸었다.

2006년 지방선거

내가 속한 동작구 마선거구에서는 2명의 당선자가 나오는데 열린우리당에서는 필자가, 한나라당에서는 강홍구, 신성환이 민주당에서는 전진명, 민주노동당에서는 이근혜가 출마했다. 한나라당의 압승이 예상되는 선거이다 보니 한나라당은 2명의 후보를 내었다. 더군다나 민주 진영은 열린우리당과 민주당 그리고 민주노동당으로 난립했다.

나는 이 선거에서 4,390표 20.21%의 득표율로 한나라당 강홍구 후보에 이어 2위를 하며 당선되었다.

동작구 의회는 모두 15명으로 구성되는데 한나라당이 10명 열린우리당이 4명 민주당이 1명의 당선자를 배출했다.

이렇게 해서 나는 동작구의회 의원이 되어 활동하게 되었다.

나는 지방자치를 생각할 때마다 단식을 통해 지방자치를 얻으려 했던 김대중 대통령을 생각한다. 김대중 대통령은 위에서 아래로 내리

꽂던 시절을, 아래에서 위로 올리는 지방자치로 바꾸었다. 기득권 사회에서 열린사회로 바꿨던 것이다.

민주주의의 꽃이 투표(선거)라면, 민주주의의 열매는 지방자치다. 성남시장이라는 지방기초단체장 출신 이재명이 광역단체장 경기지사를 거쳐서 대통령에 당선된 것은 어쩌면 김대중 대통령이 시작한 풀뿌리 민주주의 30년의 소중한 열매라고 할 수 있다. 이재명은 지방자치 키즈의 탄생이며 성공이다.

구의원이란 자리가 대통령이란 자리, 서울시장이라는 자리, 구청장이란 자리에 비해서 한없이 초라하게 보일지 모르지만, 구의원이야말로 주민들과 직접 소통하는 풀뿌리 민주주의의 기초이다. 대한민국의 민주주의가 여기서부터 시작하는 것이다. 결코 가벼운 자리가 아니다.

# 광우병 시위

2003년 미국의 광우병 발생으로 중단되었던 미국산 쇠고기의 수입이 2006년 '30개월 미만, 뼈를 제거한 고기'라는 조건으로 재개되면서 광우병에 대한 우려가 심해졌다.

2008년 초에 미국에서 암소를 학대하는 동영상이 퍼지면서 광우병에 대한 공포는 더욱 확산했다. 그런데 이명박 정부는 4월 18일에 '뼈와 내장을 포함한 30개월 이상, 대부분의 특정 위험 부위를 포함한 30개월 미만'의 미국산 쇠고기를 수입하는 협상을 체결하면서 이른바 '광우병 논란'이 일기 시작했다.

2008년 4월 29일 MBC PD수첩 방송은 광우병에 대한 우려와 정부의 정책에 대한 폭발적 반발을 일으켰다. 여기에 검역 절차를 미국이 전담하고 한국은 이에 개입할 수 없다는 사실은 국민의 안전과 검역 주권을 포기한 것이나 다름없었다.

5월 2일과 5월 3일에는 청계광장에서 미국산 소고기 수입에 반대하는 대규모 시위가 열렸다. 특히 먹거리에 민감한 주부들이 움직이기 시작했다. 이명박 대통령의 미니홈피에 누리꾼들의 미국산 소고기

2008년 광우병 시위 모습

수입 반대 댓글을 달자 게시판을 폐쇄하기도 하였다.

5월 6일 농림수산식품부와 보건복지가족부가 주최하는 미국산 쇠고기 안전성 설명회가 서울 세종로 외교통상부 청사에서 열렸다. 미국산 소고기는 안전하다는 내용이었다. 하지만 여론은 싸늘했다.

이후 거의 매일 촛불시위가 이어졌고 금요일(5월 9일)과 토요일에는 서울에서 대규모 촛불문화제가 열렸다. 이때부터 주부 및 학생의 참여가 대폭 늘어났다.

전국 1,500여 개 시민사회단체와 '미친소닷넷' 등 인터넷 커뮤니티로 구성된 '광우병 국민대책회의'가 13일부터 '총력 투쟁 모드'로 전환했다. 15일 예정된 '미 쇠고기 수입 장관 고시'를 저지하기 위해서다.

국민대책회의는 먼저 촛불문화제를 13~17일간 5일 연속 열기로 했다. 동물사료 검역을 '완화'하는 협상을 하고서도 '강화'했다고 오도했던 정부에 대한 불신과 분노가 높아진 상황이었다.

이 중 특히 13일과 14일, 17일에 집중해서 열렸다. 집회의 명칭은 '미 쇠고기 협상 무효화, 고시 철회 및 재협상 촉구'를 위한 촛불문화제였다.

이때 나도 동작구 주민들과 함께 집회에 참가했다. 촛불시위의 열기는 뜨거웠다. 그해 여름 내내 광장에서는 촛불이 밝혀졌다.

특히 6월 28일 시청 광장에서 열린 촛불집회에는 수십만 명이 참가했다. 이때 이명박 대통령은 청와대 뒷산에 올라가서 이 시위 광경을 지켜봤다고 술회한 적이 있었다. 청와대까지 '아침 이슬' 노래와 분노한 함성이 들려왔다고 했다.

당시 광우병에 대한 공포는 지금 생각하면 다소 과장된 측면이 있는 것도 사실이다. 하지만 30개월 이상의 소도 수입하라는 미국의 압력은 촛불집회의 모인 엄청난 저항으로 인해 무산되었다. 이렇게 해서 결과적으로 한국은 촛불집회의 저항에 힘을 얻어서 미국과의 협상을 보다 유리하게 끌고 갈 수 있었다. 그 결과 지금까지 30개월 미만의 소만 수입하게 되었다. 이웃 나라 일본보다 유리한 결과이다.

지금도 트럼프 정권은 한국에게 소 연령제한을 풀 것을 요구하고 있다. 이재명 정부는 지난 2008년의 촛불집회 사진을 보여주면서 그렇게 되면 대통령이 탄핵될 수 있다고 엄포를 놓았더니 미국이 수긍했다고 한다.

먹거리에 관해서 대중들은 다소 과장된 반응을 보이기도 한다. 하지만 이런 저항이 오히려 정부 측에는 협상의 힘으로 작용하기도 한다.

과거 노무현 대통령도 이라크 전쟁에 전투병을 파병하라는 미국의 요구를 받았다. 하지만 국내에서는 매일 이라크 파병에 반대하는 집회가 열렸다. 그것도 노무현 대통령을 가장 지지하는 세력들이 주도했다. 노무현 대통령은 이런 파병 반대 집회를 이용해서 파병하되 비전투병으로 파병하는 성과를 내었다.

우리가 지금 이웃 일본이나 중국보다 연령이 적은 소를 수입할 수 있게 된 것은 광우병 촛불집회 덕분이라고 할 수 있다.

당시 집회를 광우병 괴담으로 인한 집회라고 폄훼하는 세력이 있는데 이들이야말로 매국노 세력이라고 할 수 있다. 광우병이 발생했던 것도 사실이고, 한국에서의 엄청난 촛불집회의 저항을 보고 미국도 더 이상 소에게 동물성 사료를 주지 않았다.

광우병의 시작은 초식동물인 소에게 육식 사료를 주었기 때문에 발생했다는 것이 중론이다. 이후 미국에서 이 문제를 개선한 것만으로도 성과이다.

이제 미국산 소고기도 호주산 소고기도 안심하고 먹을 수 있게 되었다. 외국산 소고기를 수입하는 것은 막을 방법이 없다. 특히 수출로 먹고사는 대한민국이 반대로 수입을 막을 수는 없다. 수입은 하되 보다 안전한 소고기를 수입할 수 있게 된 것은 모두 그해 여름 뜨거운 아스팔트 위에서 촛불을 들었던 국민 때문이다.

나와 우리 동작구 주민이 서울 시민이 대한민국 국민이 만들어낸 소중한 승리였다.

# 노무현 대통령 서거

　내가 가장 존경하는 대통령은 김대중 대통령이다. 하지만 내가 가장 사랑하는 대통령은 노무현 대통령이다.

　노무현 대통령은 재임 시절 인기가 많지 않았다. 지지자들이 반대하는 이라크 파병, 한미 FTA 등으로 핵심 지지층들이 지지를 철회했다. 이라크 파병은 미국의 강력한 압박으로 어쩔 수 없이 했지만, 노무현 대통령은 비전투병을 파병하기 위해 미국과 엄청나게 힘든 협상을 했다. 그리고 마침내 비전투병을 파병하는 것으로 마무리 지었다.

　한미 FTA 역시 지지자들이 반대했지만, 대한민국의 미래를 위해서 노무현 대통령은 밀어붙였다. 지금 생각해 보면 한미 FTA는 대한민국의 경제 발전을 위해서 매우 필요한 협정이었으며, 대한민국에 전혀 불리하지 않은 협상이었다. 아니 매우 유리한 협상이었다. 지금 펼쳐지는 트럼프의 상호관세로 인해 유럽이나 일본과 마찬가지로 15% 관세를 물고 있지만, 한미 FTA로 인해 다른 국가들은 2.5%의 관세를 물고 있을 때 대한민국은 무관세로 미국 시장에서 경쟁력이 앞섰다.

　노무현 대통령은 정권을 재창출하지 못하고 이명박에게 정권을 넘겨주고 말았다. 노무현 대통령의 지지율이 매우 낮았기 때문이다.

노무현 대통령은 퇴임 이후 고향 봉화로 내려갔다. 고향에 내려가서 친환경 농업을 하는 농부로 거듭났다. 대통령이 퇴임 이후 고향으로 내려간 경우는 노무현 대통령이 처음이었다.

마을 사람들과 함께 농사를 짓고, 함께 막걸리를 마시고, 시골 슈퍼에서 담배도 피우면서 행복한 시간을 보냈다. 노무현 대통령이 그렇게 행복한 시간을 보내는 것을 지켜보는 국민도 행복했다.

그래서일까. 봉화마을은 어느새 인기 관광지가 되었다. 매일 수많은 사람들이 몰려와서 대통령의 관저 앞에서 "대통령님 나와주세요."라고 외치면 노무현 대통령은 하루에 몇 번씩 나와서 손을 흔들어주기도 했고, 어떤 날은 찾아온 손님들 앞에서 몇 마디를 하기도 했다.

그런 소탈한 노무현 대통령의 인기는 현직 이명박 대통령의 인기를 능가했다. 대통령 시절보다 대통령 퇴임 이후 국민은 노무현 대통령을 더욱 사랑했다.

그런데 느닷없이 권양숙 여사가 뇌물로 '손목시계'를 받았다는 뉴스가 터졌다. 여러 추측성 뉴스가 도배를 했고, 심지어 권양숙 여사가 손목시계를 논두렁에 버렸다는 가짜 뉴스도 나왔다.

검찰은 노무현 대통령의 측근들을 줄줄이 소환하기 시작했다. 그리고 마침내 노무현 대통령을 소환했다.

2009년 4월 30일 검찰은 노무현 대통령을 봉화에서 중앙지검으로 소환했다. 이로써 노무현 대통령은 전두환, 노태우에 이어 세 번째로 소환되는 운명을 맞이했다. 검찰 소환은 봉화에서 서울 서초까지 고

속도로를 통해서 이루어졌다. 모든 방송국이 헬기까지 동원해서 그 과정을 생중계했다. 나는 그 과정을 비참한 심정으로 TV를 통해 지켜봤다. 마치 내가 소환되는 느낌이었다. 그날 중앙지검으로 들어가는 초췌한 모습의 노무현 대통령 모습을 영원히 잊을 수가 없다. 저들의 억지 수사가 얼마나 억울했을까. 노무현 대통령은 성실하게 수사에 임하고 귀가했다.

2009년 5월 23일 대한민국을 충격에 빠뜨리는 비보가 전해졌다. 노무현 대통령이 봉화마을 부엉이바위에서 몸을 던져 스스로 목숨을 끊었다는 것이었다. 나는 그 뉴스를 보고 가슴이 찢어지는 것 같았다. 하루 종일 부모 자식을 잃은 심정으로 아무것도 손에 잡히지 않았다. 도저히 믿을 수가 없었다. 하지만 사실이었다.

나는 노무현 대통령의 죽음에 대해서 아직도 풀리지 않는 의문이 있다. 왜 노무현 대통령은 유서를 컴퓨터 모니터 위에 썼을까? 왜 프린트를 해서 유서에 사인을 남기지 않았을까? 유서가 가짜일 수도 있다는 의심을 여전히 지울 수가 없다. 유서가 가짜라면 자살이 아닐 수도 있다. 왜 변호사 출신인 노무현 대통령이 민사소송이라면 유서로 인정받을 수도 없는 모니터 위에 썼는지 의심을 지울 수가 없다. 만일 자살이 아니라면 노무현 대통령은 누가 죽였을까?

문재인 비서실장이 인정하고, 권양숙 여사가 인정하면서 노무현 대통령은 그렇게 공식적으로 자살로 생을 마감했다.

서울역 시청을 비롯해서 전국 각지에 노무현 대통령 빈소가 마련되었다. 나는 이튿날 노무현 대통령 빈소에 조문하기 위하여 아침 일

찍 시청역을 찾았다. 노무현 대통령 빈소가 처음 마련된 덕수궁 대한문 앞에서 덕수궁의 돌담을 따라 정동 경향신문사까지 조문객이 줄을 이었다. 나도 경향신문사에서부터 줄을 섰다. 사람들은 아무 말이 없었다. 여기저기서 흐느끼는 소리가 들려왔다. 한 번에 10여 명씩 조문했음에도 불구하고 3시간 이상을 기다려야 겨우 조문했다. 그 조문 행렬은 며칠 동안 끊이지 않았다. 그리고 전국 각지에도 빈소가 마련되었다. 국회의원 지역구마다 조문소가 마련되었다. 동작구도 마찬가지였다. 나는 이계안 의원과 함께 상주가 되어 지역구에서 조문객을 맞이했다. 시청뿐만 아니라 지역 조문소에도 행렬이 이어졌다.

노무현 대통령에 대한 장례는 7일장으로, 국민장으로 진행되었다. 7일 내내 대한민국은 침울했다.

2009년 5월 29일 노무현 대통령의 영결식은 오전 11시 경복궁 흥례문 앞뜰에서 거행되었다.

영결식장에서 흐느껴 울던 김대중 대통령의 모습은 많은 사람들을 아프게 했다. "나의 반쪽이 쓰러지는 것 같다"던 김대중 대통령. 그 후유증이었을까. 김대중 대통령도 3달도 안 된 2009년 8월 18일 서거하셨다.

경복궁에서 광화문을 거쳐 시청까지 시민들로 가득했다. 전통적으로 장례식을 상징하는 색은 검은색이다. 그런데 노무현 대통령의 장례식은 온통 노란색이었다. 광화문과 시청 앞에는 백만 명이 넘는 시민들이 나와서 노무현 대통령 마지막 가는 길을 배웅했다.

나도 지역 주민들과 함께 시청에 있었다. 시청에 이렇게 사람이 많이 모인 것은 1987년 이한열 열사 영결식 이후 처음이었다.

이때부터 내가 가장 사랑하는 노래가 이승철의 〈그런 사람 또 없습니다〉가 되었다. 그때부터 지금까지 난 이 노래만 들으면 노무현 대통령이 생각나서 눈물이 난다. 나뿐만 아니라 노무현 대통령을 사랑하는 모든 사람이 그럴 것이다. 이 노래는 노무현 대통령 추모식에서 이승철 가수가 직접 부르기도 하면서 노무현 대통령 추모곡으로 자리를 잡았다.

노무현 대통령 영결식 ©뉴시스

나는 다른 사람들과 마찬가지로 노란 풍선을 들고 시청 앞에서 백만 명의 추모객 중 한 명으로 참석했다. 마침내 광화문에서 시청까지 물길이 갈라지듯 길이 나고 운구 차량이 나타났다. 사람들은 오열했다. 노무현 대통령님 사랑합니다. 라는 목소리도 나왔다. 잘 가세요. 나의 대통령. 당신과 함께해서 행복했습니다. 노무현 대통령 운구가 지나갈 때마다 사람들이 노란 풍선을 날리었다. 땅에는 노란 모자를 쓴 사람들이 물결을 이루었고, 하늘에는 노란 풍선이 자유를 찾아 높이 높이 날아갔다.

노무현 대통령의 상징 노란색. 열린우리당의 상징 노란색. 노무현 대통령은 이렇게 우리들 곁을 떠나고 있었다. 나는 노무현 대통령의 운구 행렬을 따라서 시청에서 서울역으로, 다시 남영역으로 삼각지역까지 따라갔다. 삼각지역까지 운구차는 사람들의 걸음걸이에 맞춰 천천히 갔다. 삼각지역을 지나면서 운구차는 속도를 내서 사라졌다.

나는 지역 주민들과 함께 용산을 지나 한강대교를 넘어서 상도역까지 걸어왔다. 많은 사람들이 흐느끼면서 한강대교를 건넜다.

2009년 5월 29일 노무현 대통령은 우리 곁을 떠났지만, 우리는 노무현 대통령을 보내지 않았다. 한용운 시인의 〈님의 침묵〉처럼 노무현 대통령은 떠났지만, 우리는 대통령을 보내지 않았다. 나의 가슴, 우리들 가슴 속에 묻었다. 우리의 가슴 속에서 영원히 살아 있다.

# 이재명과 첫 만남

2009년은 유난히도 힘겨웠던 한 해였다.

내가 가장 사랑하는 정치인 노무현 대통령이 유명을 달리하셨고, 내가 가장 존경하는 김대중 대통령이 서거하셨다. 나 개인뿐만 아니라 이 나라 국민을 위해서도 불행한 일이었다.

2010년 5월 23일에는 노무현 대통령 1주기 추모식과 함께 묘역 완공식이 있었다.

노무현 대통령의 유해가 영면해 있는 묘소는 잔디를 덮은 봉분 대신 잘 다듬어진 바위로 덮여 있다. 묘소 앞도 잔디가 아닌 박석이 깔려 있다. 박석 하나 하나에는 노무현 대통령을 그리워하는 사람들의 이름이 적혀 있다. 묘지를 꾸밀 때 박석에 기부한 사람들이다.

노무현 대통령은 대통령이 될 때 선거 자금을 처음으로 펀드와 성금을 통해 모았는데, 그때 돼지 저금통을 통째로 낸 지지자들도 있었다. 당시 후원회장이 추미애 의원이었는데, 그로 인해 추미애 의원은 '돼지 엄마'라는 별명을 얻었다. 그랬던 추미애 의원이 노무현 대통령 탄핵에 가장 앞장섰던 것은 그에게 매우 뼈 아팠다. 그 과오를 씻어내기 위해 추미애 의원은 한겨울에 삼보일배를 하기도 했다. 추미애 의원이 노무현 대통령 지지자들에게서 용서받기까지는 꽤 오랜 시간이 흘렀다.

노무현 대통령은 지지자들의 십시일반 성금을 통해 대통령이 되었다. 그런 노무현 대통령은 서거 이후에도 당신의 묘소 앞 광장은 지지자들의 성금으로 조성됐다. 살아서도 죽어서도 노무현 대통령은 지지자들의 사랑과 함께했다.

노무현 대통령의 별명은 '바보 노무현'이다. 서울 종로에서 국회의원을 하다가 지역구를 부산으로 옮겨서 떨어졌다. 다들 어리석은 짓이라고 했다. 바보라고 했다. 당선이 보장된 지역구를 버리고 정치적 고향 부산으로 갔기 때문이다. 결과는 참담한 패배였다. 하지만 그의 바보짓이 오히려 그의 서사를 만들었다. 바보 같은 그의 선택에 수많은 지지자가 격려를 해줬다.

민주당의 유력한 정치인이 취약지역에 출마해서 깨지는 과정을 통해 민주당의 외연이 확장되는 것이다. 민주당에는 영남이 고향인 수도권 의원이 매우 많다. 3선 정도 수도권에서 의원 생활을 했으면 노무현 대통령처럼 자신의 고향으로 가서 출마하는 것도 나쁘지 않다고 생각한다. 선당후사. 노무현 대통령의 부산 출마라는 승부수는 많은 사람에게 깊은 감동을 줬다. 이후 당내 경선에서 대통령 후보가 되고, 대통령에 당선된 것은 바보 같은 노무현 대통령의 부산 출마가 밑거름이 되었다. 노무현 대통령 같은 자기를 희생해서 민주당의 외연을 확장하는 정치인이 많이 나왔으면 좋겠다.

노무현 대통령이 떠나가고 이명박 정부가 들어서고, 다시 박근혜 정부가 들어서는 등 대한민국의 민주 진영은 매우 어두운 터널을 지나고 있었다.

그렇게 시간이 흘렀고 2017년 5월이 왔다.

그해에는 유난히 노무현 대통령이 그리웠다.

2017년 5월 17일 봉화

5월 17일 나는 혼자서 봉화마을을 찾았다. 5.23일 추모제보다 일주일 먼저 방문한 것이다. 수요일이라 그런지 비교적 한가했다. 묘역 주변은 잘 정리되어 있었다. 나는 묘역 구석구석을 충분한 시간을 들여서 둘러보았다.

둘러보는 내내 가슴이 찡했다. 너무나 그리운 사랑하는 대통령이었다.

그리고 다음 다시 5월이 23일이 왔다. 나는 다시 동작구의 민주당 당원 동지들과 함께 봉화에 내려갔다.

5월 22일 나는 동작구의 허동준 지역위원장, 이창우 구청장, 전갑봉, 서정택, 김순희 구의원, 유용 시의원 등과 함께 봉화를 찾았다.

추모제 하루 전날 봉화를 찾은 나는 주변을 둘러보다가 지금은 대통령이 된 이재명 성남시장을 처음 만났다.

이재명 성남시장은 지자체 단체장답지 않게 이미 많은 사람이 알고 있었다. 지난 2016년 10월에 터진 박근혜 국정농단 국면에서 보여준 선명한 노선은 많은 사람들의 가슴에 불을 질렀다. 성남시에서 보여준 탁월한 행정과 국민적 인기 덕분에 그는 민주당 대선 후보에 출사표를 던졌으나 문재인 후보에게 밀리어 다시 성남시장으로 돌아왔다. 그런 그를 내가 못 알아 볼 리가 없었다.

내가 먼저 다가가 반갑게 인사를 했다. 나는 동작구 구의원이라고 나를 소개하면서 우리가 한때 성남 오리엔트에서 같은 시기에 근무한 적이 있다고 말했다. 그랬더니 이재명 시장이 매우 반가워했다. 나는 떡 본 김에 제사 지낸다는 말이 있는데 "봉화마을에 왔으니 노무현 대통령이 고향에 내려와 즐겨 마시던 막걸리나 한 잔 하자"고 제안했다. 이재명 시장은 주저 없이 그러자고 응했다.

우리는 노무현 대통령 묘소 바로 근처에 있는 간이 주막으로 들어 갔다. 이미 많은 사람들이 봉화마을에서 생산된 쌀로 만든 봉화 막걸리를 먹기 위해 북적였다. 다행히 우리는 자리를 잡을 수 있었다.

우리는 노무현 대통령에 대한 이야기와 오리엔트 공장 다닐 때 이 야기를 했다. 초등학교를 겨우 마치고 성남에 있는 공단으로 왔단 이 야기와 산재, 그리고 오리엔트 공장에서의 일화 등을 직접 들었다. 이 재명 시장보다는 나은 중학교 졸업하고 고등학교 1학년 자퇴를 하고 공장에도 다니고, 트럭 장사 등 많은 일을 하다가 가스 판매 사업을 하여 자리를 잡았고 뒤늦게 대학원 공부를 마치고 지방정치인으로 열중하고 있다고 얘기했다. 아울러 학부는 아니지만 우리는 중앙대학 대학교 동문이라는 얘기도 했다.

나는 지난 민주당 경선에서 문재인 후보가 아닌 이재명 후보를 지 지했다. 문재인 대통령 이후 이재명 성남시장이 대통령을 이어가기를 진심으로 기대했다.

　나보다 더 열악한 처지에서 공부하고 사법시험에 통과해서 인권변호사를 거쳐 성남시장이 된 이재명은 어쩌면 나보다 출발선이 더 뒤에 있었는지도 모른다. 그런데 이미 그는 나의 앞을 달리고 있었다.

　같은 오리엔트 공장 출신이라는 자부심과 함께 나에게 더 열심히 더 치열하게 살라는 자극이 되었다.

　우리는 어쩌면 같은 공장에 다닌 만큼 꽤 여러 번 스쳐 지나쳤을지도 모른다. 비록 작업하는 층이 달라서 가깝게 지내지는 못했어도 우리는 가장 힘겨운 시간을 그곳에서 함께 지내고 있었다.

　노무현 대통령이 돌아가신 지 8년 만에 나에게 준 선물은 이재명이었다.

　우리는 그리고 다음 해 6월에 있은 지방선거에 이재명은 경기도 도지사에 나는 동작구 구의원에 출마해서 나란히 당선되었다.

# 20대 대통령 선거

20대 대통령 선거는 기이한 선거였다.

3선의 성남시장을 거쳐서 경기 도지사에 오른 이재명 후보가 문재인 정부 시절 국무총리를 지냈던 이낙연을 누르고 민주당의 대선 후보로 결정되었다. 그런데 이낙연이 한동안 경선 결과에 불복했다. 그때 이재명 후보는 이낙연을 선대위에 합류시키기 위하여 많은 공을 들였다. 결국 마지못해 이낙연이 선대위원장이 되었는데 지금 생각해보면 이낙연을 내쳐야 했다. 좋은 선택이 아니었다.

이낙연이 처음 제기한 대장동의 몸통이 이재명이라는 이슈가 대선 이슈를 잠식했다. 지금 재판을 통해 밝혀지는 사실에 의하면 이재명 후보는 대장동의 몸통이 아니라 대장동 세력의 강도질을 막으려고 했던 유일한 인물이었다.

2022년 3월 9일 20대 대통령 선거가 치러졌다. 나는 경선 과정에서부터 이재명 후보를 일찌감치 지지했다. 당시 국회의원들 대부분은 이낙연 편에 섰다. 이재명 후보와 나는 같은 노동자 출신으로 오리엔트 공장에서 함께 일하기도 했다. 성장 과정의 공통점을 갖고 있는 나

는 대한민국 최초로 노동자 출신 대통령이 탄생하기를 염원하면서 나의 선거 운동보다 더 치열하게 임했다.

당시 나는 동작구 3선의 구의원이었다. 문재인 대통령의 높은 국정 지지도에 비해서 이재명 후보의 지지는 다소 못 미쳤다. 대장동에 얽힌 근거 없는 소문이 이재명 후보의 발목을 잡았다. 문재인 대통령이 중앙지검장으로 발탁한 윤석열은 박근혜 국정농단 수사의 중심으로 인식되면서 돌풍을 일으켰다. 그렇다고 윤석열에게 약점이 없었던 것은 아니었다. 그의 아내 김건희의 주가조작과 사생활이 발목을 잡았다.

언론은 역사상 최악의 후보들이 출마했다고 떠들었다. 이재명은 유능하지만 부도덕한 후보이고, 윤석열은 정의롭지만 무능한 후보처럼 묘사했다. 지금 이재명 대통령을 바라보면 이재명은 유능하면서 너무나 도덕적인 후보였으며, 윤석열은 정의롭지도 않은 무능한 후보였다. 언론이 국민의 귀와 눈을 속였다.

코로나 팬더믹 상황에서 선거를 치르다 보니 마스크를 쓰고 선거 운동을 해야 했다. 후보자도 단독으로 연설하기 전에 대중을 만날 때는 마스크를 착용했다.

나같은 선거운동원은 거의 내내 마스크를 쓰고 선거 운동을 했다. 선거 운동을 시작하고 겨우 1주일이 지나자마자 나에게 감기 증상이 나타났다. 나는 즉시 코로나 감염 여부를 확인했는데 양성이 나왔다.

그래서 나는 3일간 선거 운동 현장을 이탈해서 집 안에 격리되고 말
았다.

하루라도 빨리 선거운동 현장에 들어가기 위하여 집안에서도 철저
한 격리 거리를 유지했다. 매일 식사 때마다 내 방과 딸들의 방에 식
사를 나르느라 아내가 많은 고생을 했다. 그렇게 해서 나는 격리된 지
4일 만에 음성 결과를 받고 유세 현장에 복귀했다.

나는 유세차 위에서 골목골목을 돌아다니며 준비된 대통령은 이재
명이라는 주제로 연설했다. 3월 6일에 유세차에서 내가 한 연설을 소
개해 본다.

대통령은 경험하는 자리가 아니라 증명하는 자리입니다.

준비된 대통령은 이재명입니다.

대통령은 인턴이 아닌 전문가가 해야 합니다.

검증된 대통령은 이재명입니다.

대통령은 연습하는 자리가 아니라 일하는 자리입니다.

일 잘하는 대통령은 이재명입니다.

아마추어 대통령을 원하십니까?

프로 대통령을 원하십니까?

유능한 대통령은 이재명입니다.

검찰이 주인인 나라를 원하십니까?

국민이 주인인 나라를 원하십니까?

늘 국민과 함께해 온 이재명입니다.

전쟁 대통령을 원하십니까?

평화 대통령을 원하십니까?

평화를 원하시면 이재명입니다.

보복의 대통령을 원하십니까?

통합과 화합의 대통령을 원하십니까?

국민을 통합과 화합으로 이끌 대통령은 이재명입니다.

무속인과 신천지에 지배당하는 대통령을 원하십니까?

위기에 강한 경제 대통령을 원하십니까?

여러분이 이재명을 선택하시면 우리의 미래가 달라집니다.

지금, 우리는 능력 있는 대통령이 필요합니다.

이재명이 있습니다.

우리 대한민국은 함께 내일로, 미래로, 나아가야 합니다.

이재명이 앞장서겠습니다.

정치 교체, 국민통합 적임자, 이재명!

위기에 강한 유능한 경제 대통령, 이재명!

국민과 한 약속은 반드시 지키는 이재명!

이재명을 선택하여 세계 5강 대한민국에서 품격 있는 1등 국민으로 살아갑시다.

'꿈은 이루어집니다' 반드시.


드디어 3월 9일 오후 6시 투표가 마무리되었으며, 출구 조사는 이재명 후보가 이기는 것과 지는 것으로 엇갈리게 나왔다. 그리고 결과는 너무나 아쉬운 석패였다.

이재명 후보는 득표수 16,147,738표로 득표율 47.83%였다. 반면 윤석열은 득표수 16,394,815로 득표율 48.56%였다. 0.73% 247,077표 차이에 불과했다. 무효표는 307,542표였다. 무효표가 당락의 차보다 60,465표 더 많았다.

동작구에서는 이재명 후보가 122,914표 45.74%의 득표율로 윤석열이 얻은 135,733표 51.64%에 비해서 12,819표 5.9%의 차이였다. 우리 동작구에서 전체 패배 득표수의 5%를 차지했다. 참담한 결과였다.

이렇게 해서 역사상 가장 무능하고 가장 부도덕하고 욕심은 많아서 영구집권을 꾀했던 최악이 대통령 윤석열이 탄생했다.

후보는 역사상 가장 뛰어났으나 선거 운동을 잘못한 나의 책임이다. 참담한 결과를 받아들고 한참을 울었다. 최소 3일 동안은 시도 때도 없이 눈물이 나왔다. 분하고, 억울하고, 자책하며 시간을 보냈다.

이날 대선 패배 후 나는 최소 한 달 동안 저녁이면 술만 먹고 텔레비전을 전혀 보지 않았다.

그런데 패배감에 빠져 있던 나를 깨운 것은 다름 아닌 이삼십대 젊은 여성들이었다.

이재명을 지지했던 대부분의 사람이 대선 패배에 분루를 삼키며 어찌할 바를 모르고 있을 때 스스로 '개딸'이라고 부르던 이들은 다음을 준비하며 인터넷 공간에 '재명이네 마을'을 건설했다. 그리고 '미안해요 이재명, Sorry Lee Jaemyung'을 외쳤다. 슬픔을 가장 먼저 극복하고 이재명에게 용기를 주는 이들을 보며 나도 다시 일상으로 복귀할 수 있었다.

그리고 다시 주민을 만났다. 이제 불과 3개월 후면 지방선거가 실시될 예정이었다. 대선에서 패배했기 때문에 매우 힘겨운 선거가 될 것이다. 불리한 전쟁터였지만 전쟁을 피해서는 안 된다. 민주당을 위해서 대한민국의 민주주의를 위해서 다시 일어서야 한다고 생각했다.

# 동작에서 구의원 3선, 의장

제4대 서울시 동작구의회 구의원으로 활동하면서도 나의 대학 생활은 멈추지 않았다. 2005학번이었던 나는 정상적으로 2009년 2월 숭실대를 졸업하고 여전히 구의회 의원을 하면서 2009년 이재명 대통령이 졸업한 중앙대학교의 행정대학원에 진학했다. 뒤늦게 다시 시작한 공부가 맘에 들었다.

제4회 지방선거에는 대학교 2학년 학생으로 출마해서 당선되었는데, 공교롭게도 대학원 2학년 학생의 신분으로 2010년 6월 2일 치러진 제5회 지방선거에 출마했다.

그 사이 열린민주당과 민주당의 합당이 이루어졌다. 당으로서는 매우 다행스러운 일이었다. 하지만 나에게는 불운이었는지도 모른다. 현역 구의원이었던 나는 신인들을 배려하는 차원에서 나번을 받았다.

솔직히 2명을 뽑는 선거구에서 나번을 받으면 대부분 가번이 당선되고 나번은 낙선할 가능성이 높다. 필자라고 해서 예외는 아니었다. 현역인 만큼 인지도가 떨어지는 것은 아니었지만, 나는 한나라당에서는 1명이 출마하고 우리 민주당에서는 2명이 출마해서 꼴찌를 하고

2010년 지방선거

말았다. 당연히 낙선이었다.

낙선한 이후 나는 중앙대학교 행정대학원에서 학업에 전념하였다. 그리고 이듬해 2011년 행정대학원 석사학위 졸업논문을 집필했다.

나번을 받고 낙선한 경험을 살려 〈선거제도가 투표행태에 미치는 영향〉이라는 제목으로 작성했다.

"가번은 되는데 나번은 안되나?"라는 질문에 대한 답을 찾는 것이다. 내가 작성한 논문에 따르면 특별히 잘못하지 않으면 가번이 된다. 유권자들은 앞에 있는 사람을 선호한다. 당이 더 믿는 후보가 가번일 것이라는 생각을 한다. 그때 나의 결론은 극복할 마땅한 대안은 없다. 나를 알리는 최선의 방법을 찾는 것이다. 논문에서 그 최선의 방법이 뭔지는 밝히지 못했다.

나는 이 논문으로 졸업논문 최우수상을 받았다. 그리고 중앙대학교 행정대학원을 졸업했다.

행정대학원을 졸업한 이후에도 그동안 내가 해 왔던 봉사활동을 멈추지 않았다. 그리고 나는 제6회 지방선거에 다시 출마했다. 그사이 민주당의 이름이 새천년민주당으로 바뀌었다.

지난 선거에서 나번을 받고 낙선했던 나는 이번에는 다행히 여론조사 경선을 거쳐 가번을 받아서 1등으로 무난히 당선되었다.

그리고 4년 뒤인 2018년 제7회 지방선거에 다시 출마했다. 그 사이

당 이름이 더불어민주당으로 바뀌었
다. 이번에는 신인 여성 후보에게 가
번을 배정했다. 그런데 공관위에서 아
무런 문제가 없는 나를 공천 배제했
다. 도저히 수긍할 수가 없어서 재심
을 신청했는데 재심위에서도 받아들
이지 않았다. 들리는 뒷얘기로는 고
작 나를 공천 배제시킨 이유가 나를
나번으로 공천하면 표가 나뉘어서 할

2014년 지방선거

당된 가번 여성후보가 낙선할 것을 우려해서라니 기가 막혔다. 어쨌
든 그 당시 추미애 의원이 당대표였는데 대표에게 억울한 공천 탈락
을 살펴 주실 것을 탄원했다. 다행히 최고위원회에서 탄원서가 받아
들여져서 출마할 수 있었다. 기호는 나번이었다. 구의원 공천 탈락 재
의 요청이 당 최고위원회까지 안건으로 올라간 것도 거의 선례가 없
고 탈락된 후보를 다시 공천한 것도 전무할 것이라 생각된다.

이번 선거에는 더불어민주당에서 2명의 후보를 자유한국당에서는
1명의 후보를 내었다.

나에게 다시 시련이 다가왔다. 하지만 이번에는 달랐다. 나번을 받
은 것이 두 번째 아닌가? 나를 알릴 방법을 연구했고, 그리고 마침내
찾았다. 이 방법만이 최선이라고 생각했다.

"여러분 나번을 아세요?"라는 피켓을 만들어서 돌아다녔다. "3명 중
두 명을 뽑는 선거라 어차피 가번은 됩니다. 그러니 민주당을 찍으려

신희근 나번



면 나번을 찍어주세요."라고 호소했다.

2018년 5월 16일 나는 페이스북에 〈출마의 변〉을 올렸는데 그 전문은 다음과 같다.

문재인과 더불어 행복한 동작구의회 의장 신희근입니다.

저는 두 번의 구의원 활동을 통해 동작구에서는 일 잘하고, 민원 처리 빠르고, 인간관계 좋은 사람으로 인정받아 왔습니다.

그러나 공천심사 과정에서 저의 당에 대한 기여도와 충성도, 의정활동 능력, 지역민의 압도적 지지와 우호적 평판에도 불구하고, 결격사유 전혀 없음에도 불구하고 여성 정치신인이라는 이유로 단수 공천을 위해 수십 년간 당과 지역사회에 헌신한 현역 재선 구의원을 일방적으로 컷오프시킨 것은 도저히 납득하기 어려웠습니다.

5월 15일 열린 서울시당 재심위는 해당 건에 대한 토론 끝에 표결하여 5:2로 인용이 우세했습니다.

그러나 재심위는 시당 공관위의 결정을 존중한다는 이유로 표결 결과와 다르게 '기각' 결정을 하였습니다.

결국 최고위까지 열어 난상토론 끝에 결국 여성 후보를 [가]번 저는 [나]번을 받았습니다.

현직 의장인 저는 부당한 공천임에도 불구하고 당당히 더불어민주당의

결정을 받아들여 [1-나] 신희근으로
출마하겠습니다.

주민 속으로, 생활 속으로 한 걸음
더 다가가겠습니다.

주민만 바라보고 뚜벅뚜벅 가겠습
니다.

[1-나] 신희근을 지켜봐 주십시요.

주민 여러분의 힘으로 다시 돌아오
겠습니다.

2018년 지방선거

나번 후보를 알리기 위해 전국 최초로 시도한 나만의 비장의 무기
가 있었다. 사전 투표가 가까워져 올 즈음 지하철 입구에서 피켓에
투표 용지 모형을 만들었다. 그리고 나번 신희근에 투표한 그림을 넣
었다. 그렇게 열심히 선거운동을 했다. 그리고 서울에서는 유일하게
(?) 나번을 받고 자유한국당의 유일한 후보를 누르고 2등으로 당선
되었다.

우리 새천년민주당에서 가번을 받은 신민희 후보가 12,574표
40.42%로 1등, 내가 9,586표 30.81%로 2등, 자유한국당의 김현상 후
보가 8,944표 28.75%로 3등이었다. 나와 3등의 차이는 불과 642표
2.06% 차이였다. 공천 과정에서 지옥과 천당을 넘나들며 가까스로
나번을 받고 치른 선거, 내가 그동안 치른 선거 중에서 가장 힘들고
짜릿했던 선거였다.

이날 나는 페이스북에 다음과 같은 글을 남겼다.

[진심으로 마음을 담아 감사드립니다]

1-나 신희근,

'나'번의 기적이 일어났습니다.

나번으로는 절대 당선 안 된다는 비아냥을 들으면서도, 열심히 일해 온 만큼 주민분들은 알아주시겠지, 하는 마음으로 묵묵히 최선을 다했습니다.

그런 저를 품어 주시고 다시 일할 기회를 주신 은혜를 잊지 않고 활발한 의정활동으로 보답하겠습니다.

다시 한번 머리 숙여 감사드리며 항상 겸손한 마음으로 늘 주민 여러분 곁에 있겠습니다.

2022년 제9회 지방선거에는 서울시의원에 출사표를 던졌으나 공천을 받지 못했다. 권리당원 여론조사 경선에서는 이겼으나 상대 후보가 청년 후보 가산점을 10%를 받아 더불어민주당 후보로 결정되었다. 나는 비록 공천을 받지 못했으나 오영수 구청장 후보의 당선을 위해 그 누구보다 열심히 뛰었다. 새벽부터 나와서 인사를 하고, 유세 차량에 올라서 지지 연설을 하며 나의 선거를 치르듯이 했다.

하지만 대통령 선거 패배 직후 치러지는 선거라서 국민의힘이 매우 유리했다. 서울 지역의 대부분 지역에서 국민의힘이 승리하고 우리 더불어민주당은 참패했다.

동작구에서는 국민의힘 박일하 후보가 53.53%로 당선되었고, 오영
수 후보는 46.46%라는 초라한 성적을 냈다. 그나마 내가 위안을 삼은
것은 오영수 구청장 후보가 송영길 서울시장 후보보다 더 많은 득표
로 낙선했다는 것이다. 졌지만 잘 싸웠다.

# 내란 극복과 빛의 혁명

# 12.3 내란의 밤

2024년 12월 3일 오후 10시 20분 윤석열에 의해 헌정 이래 대한민국에서 11번째 비상계엄령이 선포되었다. 나는 이 장면을 지인들과 함께 지역에 있는 단골 호프집에서 TV를 통해 지켜보았다. 처음에는 예능 프로에 윤석열이 출연한 줄 알았다. 가지가지 한다고 생각했다. 그런데 그 장면을 반복해서 보여주며 윤석열이 비상계엄을 선포했다는 자막이 깔렸다. 채널을 돌렸는데 다른 방송에서도 같은 장면이 나왔다. 예능이 아니라 리얼리티였던 것이다.

박정희가 그랬던 것처럼, 전두환이 그랬던 것처럼 윤석열이 비상계엄을 선포한 것이다. 군부 쿠데타가 아니라 최고 권력자가 일으킨 친위 쿠데타였다. 친위 쿠데타는 실패할 가능성이 거의 없다. 친위 쿠데타는 권력자가 모든 것을 미리 준비해 놓고 하는 것이기에 실패할 수가 없었다.

방송에서는 윤석열의 계엄 선포문이 반복적으로 흘러나왔다. 윤석열은 비상계엄 선포 이유를 "북한 공산 세력의 위협으로부터 자유 대한민국을 수호하고 우리 국민의 자유와 행복 약탈하고 있는 파렴치

윤석열 비상계엄 선포

한 종북 반국가 세력들을 일거에 척결하고 자유 헌정 질서를 지키기 위해 비상계엄을 선포한다."고 했다.

비상계엄을 선포한 윤석열은 박안수 육군 참모총장을 계엄사령관으로 임명했다.

박안수는 포고령(제1호)을 통해 "자유대한민국 내부에 암약하고 있는 반국가 세력의 대한민국 체제전복 위협으로부터 자유민주주의를 수호하고, 국민의 안전을 지키기 위해 2024년 12월 3일 23시부로 대한민국 전역에 다음 사항을 포고한다"고 밝혔다.

"국회와 지방의회, 정당의 활동과 정치적 결사, 집회, 시위 등 일체의 정치활동을 금한다. 모든 언론과 출판은 계엄사의 통제를 받는다. 전공의를 비롯하여 파업 중이거나 의료 현장을 이탈한 모든 의료인은 48시간 내 본업에 복귀하여 충실히 근무하고 위반시는 계엄법에 의해 처단한다."고 강조했다.

'처단한다'는 말에 이 상황이 진짜 위험한 상황이라는 것을 깨닫게 했다.

박인수는 "포고령 위반자에 대해서는 대한민국 계엄법 제9조에 의하여 영장 없이 체포, 구금, 압수수색을 할 수 있으며, 계엄법 제14조에 의하여 처단한다"고 덧붙였다.

살벌하다. 이제 대한민국이 다시 쿠데타 세력에 의해 민주주의가 무너지게 되었다. 아 씨발 이게 말이 되냐고 욕을 하면서, 한편으론 두려우면서 한편으론 맞서 싸워야 한다고 생각했다.

나는 이 쿠데타를 막을 수 있는 세력은 오직 국회밖에 없다고 생각했다. 과반수 의석을 차지하고 있는 민주당만이 이 쿠데타를 막을 수 있다. 민주당의 당대표 이재명만이 쿠데타를 저지할 수 있다. 계엄군이 국회에 가기 전에 국회의원이 먼저 국회에 들어가야 한다.

나는 나의 지역구 위원장인 류삼영 전 총경에게 전화를 걸었다. 통화중이었다. 세 번에 걸친 시도 끝에 연결이 되었다.

"위원장님 지금 어디십니까?"

"지금 집인데요."

"뉴스 보셨지요? 지금 뭐 하고 계시나요?"

"네. 뉴스 봤어요. 어떻게 해야 할지 모르겠네요."

"지금 바로 국회로 가야 합니다."

"전 국회의원도 아니고, 국회에 가서 제가 할 수 있는 일도 없고…."

"그러니깐 국회에 가야 합니다."

“다른 사람들은 피신해야 한다고 하는데요.”

“피신을 어디로 한단 말입니까? 무조건 국회로 가야 합니다. 가서 계엄군을 막아야 합니다.”

“가면 계엄군에게 잡힐 텐데요.”

“계엄군이 잡는다면 1번으로 잡히세요. 국민이 계엄군에게 겁을 먹고 있을 때 정치인이 앞장서서 계엄군과 싸워야 합니다. 지난번 국회의원 출마할 때 뭐라고 말씀하셨습니까? 나경원을 잡고 민주주의를 바로 세운다고 하지 않으셨습니까?”

“그러고 보니, 신 의원 말씀이 맞습니다. 국회로 가야겠네요.”

나중에 들은 얘기지만 유삼영 위원장은 나와 전화를 끊고 아파트 현관 복도에 나와서 아파트를 내려보았다고 했다. 혹시 계엄군이 자기를 잡으러 오지 않았나 하고. 계엄군이 없는 것을 확인하고 서둘러 외출 준비를 하고 아파트 입구로 나와서 택시를 타고 국회로 갔다고 한다.

하지만 정작 나는 이미 술을 많이 해서 취기가 있던 중이라 국회로 가지 못했다. 류삼영 위원장에게는 국회로 가라 하고, 정작 나는 가지 않은 점 매우 부끄럽다. 그곳에 몰려든 이름 없는 시민들에게 한없는 존경을 느끼면서 함께 하지 못해 미안하다.

유튜브를 통해서 국회 앞 상황을 볼 수 있었다. 국회 정문 앞에는 이미 수천 명이 있었다. 어떤 사람들은 호프집에서 맥주를 먹다가 달려오고, 어떤 사람들은 집에서 설거지를 하다 말고 달려왔다. 그리고 많은 사람들이 이재명 대표의 라이브 방송을 보고 달려왔다고 했다.

이재명 대표는 계양에서 국회까지 김혜경 여사님이 운전하는 차 안에서 유튜브 라이브 방송을 통해서 국민에게 "국회에 모여 달라."고 호소했다. 그리고 수많은 국민이 그 호소에 응답했다.

이름도 없는 수많은 시민이 맨몸으로 계엄군으로부터 국회를 지키겠다고 모여들었다. 이들은 민주당에서 직책도 없는 그저 평범한 시민들이었다. 오직 민주주의를 지켜야 한다는 투지 하나로 모여들었다. 이들도 모여들었는데 국민의 대리인인 정치를 하겠다는 사람들이 오지 않는다면 그것은 배신이라고 생각했다. 국회의원이라면 계엄을 해제하기 위해 국회 안으로 들어가야 하고, 국회의원이 아니라면 국회가 제 기능을 할 수 있도록 국회를 지켜야 하는 것이다.

날씨는 약하게 눈발이 날릴 정도로 차가웠다. 그러나 계엄군에 대항하는 시민들은 시간이 갈수록 늘어났다. 지하철을 타고 온 사람들이 많았으며, 택시를 타고 온 사람들도 있었고, 어떤 사람들은 직접 차를 몰고 온 사람들도 있었다. 주차할 곳도 없고 더 이상 차를 움직일 수가 없어서 서강대교 위에 차를 세워두고 몸만 달려온 사람들도 있었다.

장갑차를 맨몸으로 막아서는 시민들도 있었고, 계엄군에게 물러가라며 삿대질하는 시민들도 있었다. 계엄군과 시민들이 뒤엉켜 있었다.

그 유명한 안귀령 대변인의 저항도 있었다. 시민들은 계엄군은 물러가라며 소리를 높였다. 여기저기서 국회의원 누구다. 담을 넘겨 도와달라고 하면 그쪽으로 몰려가서 국회의원이 담을 넘도록 경찰들을 밀쳐내고 계엄군을 막아섰다. 그러는 사이 국회에 민주당 및 조국혁신당 의원 대부분이 들어갔다.

국회 안에서 어떻게 돌아가고 있는지 제대로 알 수가 없었다. 유튜브에서 이재명 대표가 무사히 국회 안으로 들어갔다는 소식이 들려왔다.

11시 48분경 TV 화면에 헬기와 요란한 엔진 소리가 들려왔다. 머릿속에서 광주항쟁 당시 헬기가 기관총을 난사하는 장면이 떠올랐다. 온몸에 소름이 돋았다. 헬기 10여 대가 국회에 착륙하고는 다시 이륙했다. 헬기는 다음날 오전 1시 18분까지 24차례에 걸쳐 계엄군 230여 명을 국회 안에 내려놓았다.

TV를 보면서 "아 이제 다 죽었구나"라는 생각이 들었다. 그렇게 절망하고 있을 때 우리에게 다시 용기를 준 것은 시민들이었다. 하늘 위에서는 헬기 소리가 요란한데 국회 앞으로 몰려드는 시민들의 수는 더 많이 늘어났다. 헬기 소리에 겁을 먹고 현장을 빠져나가기는커녕, 오히려 더 많은 시민군들이 집결하고 있었다. 가슴이 웅장해지는 것을 느낄 수 있었다. 그리고 확신했다. 이 싸움은 우리가 이긴다는 확신이 들었다.

만여 명의 시민들이 국회 밖에서 계엄군과 대치하고 있는 사이 다음 날인 12월 4일 오전 1시 2분께 재석의원 전원 190명의 찬성으로 계엄 해제 요구 결의안이 국회에서 통과되었다. 이 소식이 전해지지 국회 앞에서는 "대한민국 만세!"라는 함성이 울려 퍼졌다. 나도 TV 앞에서 환호했다.

하지만 윤석열은 즉시 계엄을 해제하지 않았다. 제2의 쿠데타를 준비했던 것으로 보인다.

국회에서 계엄 해제 요구안이 통과되었으나, 윤석열은 이를 즉시 수용하지 않고 버티었다. 국회 앞에 있는 시민들은 흩어지지 않고 윤석열의 항복 선언을 기다렸다. 그 사이 계엄군들도 국회를 떠났다. 국회 앞에 있던 계엄군도 물러났다. 그렇지만 윤석열의 항복 선언이 있기 전까진 안심할 수 없었다.

국회에서 계엄 해제 요구안이 통과된 지 3시간 더 지난 4시 26분쯤 윤석열이 계엄을 해제했다. 윤석열이 항복했던 것이다. 국회 앞을 지켰던 시민들도 하나 둘 자리를 떠나기 시작했다. 지하철이 운행을 시작하자 신기한 일이 벌어졌다. 밤새 국회를 지켰던 시민들은 일부 귀가를 하고, 집에서 밤새 조마조마하며 뜬눈으로 지새운 시민들이 국

국회 앞 계엄군 장갑차를 맨몸으로 막은 시민. ⓒ워싱턴포스트

회로 모여들었다. 그날 국회의사당역은 시민군의 교대식의 장소였다. 지하철에서 나오는 시민들은 수고하셨다며 인사를 하고, 지하철을 타는 시민들은 수고하라며 격려해 주었다. 그리고 시민들은 국회 정문 앞이 아닌 국회 광장을 가득 메웠다.

윤석열은 대한민국 국민이 겁쟁이일 것이라고 생각했다. 계엄군을 보면 다 도망갈 것이라고 생각했다. 대한민국 국민들을 서울 시민들을 얕잡아봤다. 하지만 대한민국 국민들은 그 어느 나라 국민보다 민주주의 역량이 뛰어나다. 우리의 몸속에는 3.1운동, 4.19혁명, 5.18항쟁, 87년 민주화투쟁의 피가 흐르고 있다. 민주주의가 위태로울 때 대한민국 국민은 맨몸으로 독재자들과 싸웠다. 그리고 이번에는 시민들뿐만 아니라 민주당, 그리고 조국혁신당 국회의원들이 모처럼 밥값을 했다. 계엄군에 쫓기어 도망가지 않고 국회로 모였다. 흩어지면 죽는다. 뭉쳐야 산다. 윤석열은 국회에 모여들면 계엄군을 통해 일망타진 할 수 있다는 망상을 했겠으나 그들의 뜻대로 되지 않았다. 밖에서 국회를 에워싸고 계엄군과 실랑이하며 싸운 시민들이 있었기 때문이다.

그날 국회 앞에 모여든 시민들에게 경의를 표한다.

그들이 영웅이었다.

# 윤석열 1차 탄핵 부결

12월 4일 새벽 윤석열이 마침내 국회 의결에 따라 계엄을 해제했다. 나는 계엄이 해제될 때까지 TV를 보면서 밤을 새웠다. 계엄이 해제되고 나서야 겨우 잠에 들었다.

오후 1시쯤 눈을 떴다. 국회로 가자. 이날부터 윤석열이 탄핵될 때까지 나는 하루도 빠짐없이 시민들과 함께했다.

오후 5시쯤 우리가 국회에 도착했을 때 이미 수많은 시민이 국회 광장을 가득 메웠다. 민주당이 주도하는 촛불문화제가 열리었다. 한편 촛불행동은 오후 6시 세종로 동화면세점 앞에서 윤석열 퇴진 집회를 열고 오후 7시에 국회의사당 앞에서 열리는 민주당 집회에 합류했다. 촛불행동의 집회가 광화문에서 여의도로 옮기게 된 데에는 이재명 대표의 요청 때문이기도 했다. 이 자리에서 민주당은 즉시 윤석열을 탄핵하겠다고 했다. 그리고 그날 밤 12월 5일 새벽 0시 48분경 국회에서 본회의가 열려서 윤석열에 대한 탄핵소추안이 보고 되었다. 본회의에 보고되면 국회는 24시간 이후 72시간 이내에 처리해야 한다.

국회는 12월 7일 오후 5시 본회의를 열어서 처리하기로 했다.

2024년 12월 4일 국회 본관 앞

   본회의가 열리는 날까지 국회의사당역 앞에서는 매일 촛불행동의 집회가 열리었다.

   나는 여의도역에서 열리는 촛불행동의 집회에 매일 참석했다. 특이한 점은 이삼십 대 젊은 여성들이 중심이었다는 것이다. 그리고 이들의 손에는 아이돌 응원봉이 들려 있었다. 촛불이 응원봉으로 진화하는 장면이었다.

   이들은 집회가 끝나면 국회의사당 담벼락을 돌면서 혹시 모를 윤석열 일당들의 도발에 대비했다. 두꺼운 파카를 입고 국회의사당 쪽문을 붙들고 졸고 있는 그들을 볼 때 너무 고맙고, 너무 안쓰럽고, 너무 부끄럽고, 복잡한 감정들에 눈시울이 붉어졌다.

   마침내 12월 7일 오후 5시 국회 본회의가 개최되었다. 윤석열의 탄핵을 열망하는 시민들의 행렬이 오전 11시부터 이어졌다. 국회의사당역, 여의나루역 등 국회의사당 인근 지하철역은 시민들이 몰려서 무정차 통과했다. 나는 지역 주민들과 함께 오후 4시경에 대방역에서 걸어서 국회의사당으로 향했다. 우리뿐만 아니라고 엄청나게 많은 인파가 거대한 쓰나미처럼 국회의사당으로 향했다. 민심이란 것이 이런 것이었다. 바다가 배를 띄우기도 하지만 배를 뒤집기도 하는 것처럼, 주권자들은 최고 권력자를 세우기도 하지만 그들을 몰아내기도 한다는 것을 실감했다. 여의도로 향하고 있는 민심이 결국 윤석열의 쿠데타를 진압할 것을 의심하지 않았다.

그날 국회의사당 앞에는 100만이 넘는 시민들이 모여들었다. 함께 참여하지 못하는 시민들은 인근 카페에 커피를 선결재하며 응원하기도 했다.

집회를 주도하는 촛불행동의 투쟁가도 K-POP으로 바뀌었다. 시위에 참가한 시민들의 절대 다수는 이삼십 대 젊은 여성들이었다. 시위의 주도권이 넘어가고 있었다. 5시가 되기도 전에 이미 시위는 절정에 달하고 있었다. 윤석열을 탄핵하라는 구호가 여의도를 흔들었다. 국회의사당에 있는 국회의원들에게도 쩌렁쩌렁하게 들렸을 것이다.

하지만 국민의힘 국회의원들의 투표 보이콧으로 인해 정족수 미달로 투표함을 열어보지도 못한 채 윤석열에 대한 탄핵소추안에 대한 표결은 성립되지 않았다. 다시 말해 자동으로 부결되고 말았다.

국회의원이란 자들이 투표조차 하지 않은 채 윤석열의 탄핵을 무산시킨 것이다. 윤석열을 배출한 국민의힘은 윤석열이 내란을 일으켰음

에도 불구하고 그를 단죄하는 것에 대해 거부했다.

　나는 어느 정도 예상했던 결과였지만 매우 낙담했다. 민주적인 절차에 의해서 폭군을 몰아낸다는 것이 이렇게 힘든 일인가. 국민의힘은 여전히 100석이 넘는 의석을 갖고 있다. 이들이 끝내 거부한다면 윤석열에 대한 탄핵은 불가능하단 말인가. 국민의힘에 대한 분노와 함께 묘한 패배감이 몰려왔다. 민주주의는 참으로 어렵구나. 저들이 쿠데타를 일으킨 것처럼 우리도 민중의 힘으로 국민의힘을 무너뜨리고 쿠데타 세력들을 잡아들이는 것이 최선인가. 결국 무력 혁명 뿐이란 말인가. 이런 생각들로 복잡했다.

　저들이 끝까지 보이콧한다면 우리가 할 수 있는 일이 아무 것도 없다는 생각에 낙담하면서 집으로 돌아가고 있었다. 그런데 이 낙담을 비웃기라도 하듯 젊은 여성들은 응원봉을 흔들면서 윤석열이 탄핵될 때까지 끝까지 싸우겠다며 서로를 격려했다. 우리 기성세대들은 낙담했지만, 젊은 친구들은 여전히 낙천적이었다.

이날 집회에 참가한 응원봉을 든 한 여성의 말이 깊은 울림을 주었다.

"우리는 진 적이 없고, 질 일도 없습니다. 도망은 저들이 갔지, 우리는 등을 보인 적이 없습니다."

패배감에 쌓여 낙담하고 있는 나를 깨운 것은 젊은 친구들의 춤추는 응원봉이었다. 우리 기성세대를 응원하고, 대한민국의 민주주의를 응원하는 빛이었다. 잠시나마 낙담했던 내가 부끄러워졌다.

그렇다. 내란을 일으킨 윤석열을 지키겠다고 탄핵소추안 투표조차 하지 않은 105명의 부역자들 때문에 나라가 망할 거였으면 이 나라는 진즉에 몇백 번 망했을 것이다. 하지만 우리는 지치지 않고 윤석열을 탄핵시키고 법정에 세울 것이다.

탄핵 부결이라는 결과에 매우 분노가 일어났지만, 그날 우리는 응원봉을 든 새로운 운동권 세대를 맞이했다. 이들의 등장은 우리에게 엄청난 희망을 주었다. 이제 시작일 뿐이다.

윤석열은 반드시 탄핵된다.

그래 다시 싸우는 거다. 우리는 지치지 않는다.

# 전두환 사면이 윤석열에게 용기를 줬다

1차 탄핵소추안이 부결된 이후 나는 이 시대에 왜 윤석열 다시 내란을 일으켰는지 생각해 보았다. 1979년 12월 12일 전두환이 내란을 일으킨 이후 25년 만에 다시 반복되었는가를 생각했다.

제일 먼저 든 생각은 왜 2024년에는 윤석열의 부당한 지시를 거부하는 사령관들은 없었는가였다.

2023년 개봉한 서울의 봄 영화에서 본 것처럼 1979년에도 전두환 신군부의 쿠데타에 맞서 당당히 싸우던 사령관들이 있었다.

정병주 특전사령관, 장태완 수도경비사령관, 김오랑 중령, 정선엽 병장, 김진기 헌병감, 윤흥기 9공수 여단장이 있었다.

그런데 2024년 내란 과정에서는 부당한 명령을 거부하는 지휘관들이 한 명도 없었다. 이들은 여전히 군인은 명령에 복종해야 한다는 애기만 하면서 변명하고 있다. 부당한 지시를 거부할 용기가 없었다는 것을 군인정신으로 미화할 뿐이다.

하지만 실제로 총을 들고 투입되었던 젊은 군인들은 달랐다. 그들은 우선 자신이 왜 국회의사당에 와 있는지 제대로 상황을 파악하고 있지 못한 것 같다. 국회의원을 체포하라는 부당한 지시에 그들은 나름대로 꾀를 내었다. 군인은 명령에 복종해야 하니 따르는 척했지만 매우 소극적이었다. 이른바 태업을 한 것이었다. 그렇다 보니 저항하는 시민들과 보좌진들에게 기세에서 밀렸다. 1980년 5월 광주에서 보여줬던 계엄군의 모습과는 전혀 딴판이었다. 하기 싫은 일을 억지로 하면서 매우 난처한 표정이었다. 부하들이 너무나 소극적이다 보니 지휘관들도 강력하게 부하들을 몰아붙이지 못했다. 총을 쏴서라도, 네 명이 한 조가 되어 끌고 나오라는 윤석열의 지시도 결국 중간에서 커트 당했다. 그들이 적극적으로 내란 세력의 편에 섰다면 그들의 바람대로 계엄은 성공할 수 있었을 것이다.

20세기 이후 친위 쿠데타가 실패한 경우는 전 세계적으로 볼 때도 사례를 찾아볼 수가 없다. 행정 권력과 군통수권을 이미 갖고 있는 권력자가 저지르는 친위 쿠데타는 소수의 인력을 통해서도 성공할 수밖에 없다. 그런데 민주화 이후 성공한 쿠데타인 전두환 노태우 일당의 12.12 쿠데타도 역사가 지나서 단죄했던 사실을 알고 있는 젊은 군인들은 12.3 쿠데타 앞에서는 내란 세력에게 편들기를 망설였다. 그들은 태업을 하면서 결국 내란 시도를 수포로 돌리었다. 윤석열 일당들이 예상하지 못한 반전이었다.

12월 9일 이재명 대표는 페이스북에 〈그대들은 아무 잘못 없습니다〉라는 글을 올렸는데 영문도 모른 채 투입되었다가 죄책감과 징벌의 두려움에 떨고 있을 젊은 군인들을 다독이기 위해서였다.

늦었지만 꼭 이야기하고 싶었습니다. 영화와 같이 현실감 없던 비상계엄이 살아있는 현실로 느껴진 가장 두려운 순간은 중무장한 계엄군의 국회 투입이었습니다. 결사의 각오로 막아선 시민들과 보좌진, 당직자들의 헌신이 역사의 퇴행을 막아섰습니다.

그때, 투입된 계엄군의 눈빛을 잊을 수 없습니다. 양심과 명령이 부딪치는 그 흔들림 속에는 대한민국 전체의 혼란이 고스란히 담겨 있었습니다. 죄 없는 국민에게 무력을 행사하지 않으려는 소심한 몸짓이 슬펐습니다.

초급 간부들과 병사 대부분은 내란 수괴 윤석열과 김용현, 일부 지휘관들에 의해 철저히 이용당했습니다. 어떤 작전인지도 모른 채 명령에 따라 움직였을 병사들을 이용해 헌법과 민주주의의 근간을 무너뜨린 자들, 계엄군을 향한 화살은 명령을 내린 자들을 향해야 합니다.

계엄이 해제되고 철수하며 시민들에게 허리 숙여 사과하는 계엄군의 영상을 봤습니다. 그 짧은 현장에서의 기억이 그들에게 마음의 상처로 남지 않기를 바랍니다.

자랑스런 대한민국 군인 여러분, 허리 숙인 그들에게 오히려 허리숙여 말하고 싶습니다.

"그대들은 아무 잘못이 없습니다, 오히려 고맙습니다"


## 전두환에 대한 사면이 내란 세력에게 용기를 줬다

김영삼 대통령은 임기 말인 1997년 12월 20일 12·12와 5·18을 군사 반란 및 내란으로 규정해 사형선고를 받은 전두환을 사면해 줬다.

전두환은 1995년 12월 3일 구속되고 1996년 8월 26일 사형선고를 받았다. 그러니깐 전두환은 구속 이후 2년하고 17일 만에 사면된 것이다. 김영삼 대통령이 전두환을 사면하기까지 대통령 당선자 신분이었던 김대중 대통령과의 교감이 있었다고 알려져 있다.

전두환은 사면 이후 2021년 11월 23일까지 무려 14년 동안 국민을 비웃듯이 천수를 누리다가 자연사했다. 전두환에 대한 사형선고는 비록 성공한 쿠데타라 할지라도 반드시 죗값을 치르게 된다는 교훈을 남겼지만, 형을 산 기간이 고작 2년에 불과했다는 것은 이후 12·3 내란 세력들에게 용기를 줬다고 본다. 전두환의 사례에서 본다면 자신들도 쿠데타가 설혹 실패한다고 할지라도 사면이 될 것이라는 믿음이 있었을 것으로 보인다.

군형법상 내란죄에서 우두머리에게는 사형과 무기징역밖에 없다. 군형법상 반란죄를 적용하게 된다면 사형밖에 없다. 이번에 검찰에서 구속 기소할 때는 반란죄가 빠져 있다. 차후 공소장 변경을 통해서라도 반란죄와 외환죄를 추가해야 할 것이다.

## 사면 없는 엄정한 법 집행이 요구된다

국회 앞으로 달려와 준 시민, 담을 넘어 국회 본회의장으로 모여든 190명의 국회의원, 계엄군과 국회에서 맨몸으로 싸웠던 보좌관, 국회 내에서 시스템이 제대로 작동할 수 있도록 자리를 지켰던 국회 직원들, 객관적인 사실 관계를 중계방송했던 언론, 소극적으로 군 명령을 따르며 태업을 한 젊은 군인들, 그리고 실시간으로 계엄 상황을 지켜보며 가슴 졸이며 뜬눈으로 지새운 국민 덕분에 윤석열의 쿠데타는 단 2시간 만에 진압될 수 있었다.

탄핵 심판이 완성되고 형사재판의 결과가 나왔을 때 윤석열 일당에게는 최소 무기징역 형이 선고될 것이다. 이번에는 사면 없이 형기를 모두 채워야만 다시는 군을 동원해서 이런 무모한 시도를 하지 못할 것이다.

윤석열이 교도소에 수감되어 살아 있는 것만으로도 쿠데타를 꿈꾸는 자들에게 경종이 될 것이다. 사형선고가 내려진다면 사형을 집행하는 것도 찬성한다.

사실 필자는 사형 집행에 대해서는 늘 반대해 왔다. 하지만 윤석열 일당들은 국회의원뿐만 아니라 시민들의 죽음이 뒤따른다고 하더라도 이번 쿠데타에 진심이었다. 국민을 죽여서라도 내란을 성공시키고 싶었다면, 실패했으니 응당 자신의 목숨을 내놓아야 하는 것이 이치이다.

그런데 지금 윤석열의 재판을 보면 자신의 죄를 인정하기는커녕 부하들에게 떠넘기고 있다. 비굴하기 짝이 없다.

김재규가 박정희를 제거한 이후 재판정에서 "나에게는 극형을 내려 주시고, 부하들은 내 명령에 따랐을 뿐이니 부디 선처해 주십시오."라고 재판장에서 부탁했던 일화가 떠오른다. 대통령까지 했다면 적어도 부하들의 죄까지 자기가 안고 가야 하지 않겠는가. 그게 자기를 뽑아 준 국민에게 "그래도 남자네."라는 소리 정도는 듣고, 국민들을 쪽 팔리기 만들지는 않지 않겠는가. 윤석열은 자기 형량을 줄여보려고 찌질함을 선택했다. 선택했다기보다는 찌질함 그 자체가 윤석열인지도 모른다.

# 응원봉의 힘으로 윤석열 국회에서 탄핵되다

## 여의도로 향하는 거대한 물결

2024년 12월 14일. 서울의 날씨는 그야말로 탄핵하기 딱 좋은 날씨였다. 날씨는 영상 3도 정도였으며 하늘은 맑았다. 윤석열에 대한 탄핵 표결 투표는 오후 3시에 예정되어 있었다. 지난 1차 탄핵안 투표 때보다 2시간을 앞당겼다. 겨울의 추운 날씨에 고생하는 시민들을 위하여 비교적 따스한 시간대를 선택한 듯했다.

오후 3시에 탄핵안 투표가 예정되어 있었지만, 오전 11시경부터 이미 국회의사당 앞 대로는 시민들로 가득했다. 오후 1시가 넘어서자, 지하철이 국회의사당역을 무정차 통과했다. 인근 지하철 역사는 집회에 참여하려는 사람들로 북새통을 이루었다.

필자는 이날도 대방역에서 집회 장소로 향했다. 여의도 국회의사당으로 향하는 모든 도로에는 시민들로 가득했다. 영등포역이나, 신길역에서 넘어오는 길, 광흥창역에서 하차해서 서강대교로 넘어오는 길, 당산역에서 내려 한강시민공원을 따라 넘어오는 길 등 모두 시민들로 가득했다. 모두 다 윤석열을 탄핵하는 데 머리 하나라도 보태겠다고 여의도로 향했다. 역사를 바꿔 가는 시민들의 거대한 물결이었다.

필자가 집회 장소에 도착했을 때 이미 150만 명 이상의 시민들이 자리를 차지하고 있었다. 집회 측에서는 대형 스크린을 지난주보다 많이 설치했음에도 잘 보이는 곳으로 가는 것이 매우 힘들었다. 그야말로 발 디딜 틈도 없는 곳에서 물결에 따라 흘러갔다.

## 선결제 문화

지난 1차 탄핵안이 부결된 이후 응원봉을 든 젊은 여성들은 저녁이면 모여서 집회를 이어왔다. 많은 사람이 감동을 받았다. 제일 먼저 행동에 나선 이들은 미국에 사는 교민들이었다. 미국에 살고 있는 한인 교포들을 위한 커뮤니티 사이트인 MissyUSA가 고국에서 싸우고 있는 응원봉 시위대를 위하여 천여만 원을 후원 오뎅차를 보내왔다. 이 소식이 알려지자, 몇몇 중년들이 청춘들을 위하여 집회장 주위의 카페에 커피 500만 원어치를 선결제했다. 선결제는 몇몇 아이유 같은 아이돌 스타들이 동참하면서 유행처럼 번지었다.

한국에 처음 등장한 집회 장소 선결제 문화는 세계 각국에 신선한 충격을 안겨주었다. 200만 명이나 모이는 집회 장소에서 방화 약탈은 커녕 서로 나눔을 하는 한국의 시위 문화는 그 자체로 관광코스가 되었다. 실제로 이날 집회 장소를 찾은 외국의 유튜버나 관광객을 쉽게 만날 수 있었다.

필자가 집회 장소에 도착했을 때 국회의사당 건너편 도로 한쪽에는

MissyUSA에서 보낸 푸드 트럭. 미국에서 피땀 흘려 번 달러($)로 탄핵에 힘을 보탭니다.

푸드 트럭이 즐비했다. MissyUSA에서 보낸 것뿐만 아니라 민주당과 조국혁신당에서 마련한 푸드 트럭도 있었다. 필자를 포함한 50대 이상 분들은 젊은 친구들을 위해서 양보하는 분위기였다.

그렇게 광장은 한 세대가 가고 또 다른 한 세대가 오고 있었다. 그들이 함께 공존하며 새롭게 유입된 젊은 친구들을 위해 먼저 그 자리를 지켰던 세대는 잔치를 준비했다.

## 윤석열의 탄핵

지난 12월 7일. 윤석열 탄핵소추안 1차 표결에서 국민의힘은 본회의장을 집단 퇴장하는 방식으로 보이콧을 했다. 찬반을 떠나서 그 비겁함에 대한 비난이 쏟아졌다. 국회의원 선거철에는 심지어 투표는 국민의 의무라면서 한 표 달라고 읍소하더니 정작 자신들은 투표조차 하지 않는 것에 대해 국민은 울분을 토했다. 사실 투표는 국민의 의무가 아니다. 투표는 국민의 권리일 뿐이다. 하지만 국회의원의 투표는 의무이다. 국민은 그들에게 국회에서 국민을 위해 투표를 해 달라고 뽑아준 것이다. 무엇이 국민의 뜻인지에 대해서는 각자 의견이 다를 수 있겠지만 본회의장에서 국민을 대신해서 투표하는 것은 그들의 권리가 아니라 의무이다.

다행히 새로 뽑힌 권성동 국민의힘 원내대표는 12월 14일 윤석열 탄핵소추안 2차 표결에 참여하기로 결정했다. 다만 당론으로 부결표를 던진다는 것은 변함이 없다고 했다.

1차 표결 이후 공개적으로 탄핵에 찬성하겠다는 의원들이 나왔다. 안철수, 김예지, 김상욱, 진종오, 조경태, 김재섭, 한지아 의원이 그들이다. 이제 단 1표만 더 이탈하면 탄핵안은 가결된다. 투표는 무기명으로 이루어지기 때문에 탄핵에 찬성하는 국민의힘 의원들이 더 있을 것으로 기대되었다. 필자는 210표 정도 되기를 바랐다. 최소한 계엄 해제에 뜻을 함께한 의원들은 탄핵에 찬성해야 하는 것이 아닐까. 하지만 필자의 기대는 너무 낙관적이었다. 내가 그들을 너무 선하게 봤다.

축제장 같았던 국회의사당 앞은 3시가 다가올수록 긴장감이 돌았다. 집회에 참가한 시민들은 국회의사당을 향해 '윤석열을 탄핵하라'를 목청껏 외쳤다. 분명 그들의 함성이 국회의원들에게 들렸을 것이다.

오후 3시 박찬대 원내대표의 제안 설명과 찬반 토론이 1회 있은 후 표결이 이루어졌다. 이후 검표와 발표까지 꽤 오랜 시간이 흘렀다.

드디어 오후 5시 국회에서 재적 의원 300명 중 204명의 찬성으로 윤석열 탄핵소추안이 가결되었다. 국회의사당 앞에 모인 시민들은 승리의 함성을 질렀다. 공개적으로 탄핵 천성 의사를 밝힌 7명 외에 5표가 더 이탈했다. 비록 아슬아슬한 차이로 탄핵소추안이 가결되었다 할지라도 대한민국의 민주주의가 제자리를 찾아가는 소중한 전진이었다.

윤석열의 탄핵이 가결된 직후 집회장은 아이돌 콘서트장으로 변했다. 그들의 운동가요가 된 소녀시대의 〈다시 만난 세계〉와 청장년층도 좋아하는 지드레곤의 〈삐딱하게〉와 로제와 윤수일의 〈아파트〉까지 이른바 윤석열 탄핵 플레이리스트 리듬에 맞춰 형형색색의 응원봉이 춤을 추기 시작했다.

이렇게 10대부터 30대까지의 여성 응원봉의 힘이 국민의힘 윤석열을 무너뜨렸다. 이들의 승리는 이제 시작일 뿐이었다. 이들은 처음으로 사회변혁의 길에 나와서 위대한 승리를 했다.


## 집회에 나온 다양한 부류의 사람들

집회에 참가한 젊은 친구가 인터넷에 올린 글이 화제가 되었다. 그의 글은 다음과 같았다.

이 글은 필자는 트위터(X)에서 봤는데 눈물이 나고 말았다. 젊은 친구들의 합류가 반가웠고 이제 나의 시대가 지고 있다는 것이 약간 서운하기도 했다. 2004년 노무현 대통령에 대한 탁핵 시도 때부터 지금까지 나는 아스팔트 위에서 시간이 될 때마다 대한민국이 위기에 빠질 때마다 자리를 지켰다. 때로는 몇천 명 중의 하나로 때론 수백만 중에 하나로 그저 n분의 1의 시민으로 참여했다. 그리고 그 역사적 순간에 늘 함께했다는 것에 자부심을 느꼈다. 그런데 이제 최전선은 양보할 때가 온 것이다.

새로 유입된 다양한 응원봉 시위대의 등장을 환영하면서 집회 사회자가 중간중간에 어떤 아이돌의 응원봉인지 소개하는 코너도 자주 있었다.

이렇게 다양한 시민들이 광장으로 나와서 윤석열 탄핵 대오에서 하나가 되었다. 그리고 첫 승리를 했다. 이제 이들은 더 큰 연대로 승리를 이어갈 것이다.

응원봉을 들고나온 젊은 여성분들을 존경한다. 그분들을 따라 나왔거나 외롭게 혼자 나온 젊은 남성분들도 기죽지 않고 민주주의 승리의 대열에 함께 했다. 더 많은 젊은 남성분들이 함께하기를 바란다.

부디 우리 젊은 세대들이 성별로 나뉘어 싸우지 않고 민주주의를 회복하는 거대한 물결 위에서 싸움도 함께하고 연애도 하기를 소원해 본다. 그래야 내란을 극복한 대한민국에 더 큰 미래가 있지 않겠는가. 10대부터 30대에 이르는 깨어있는 젊은 여성분들에게 기대가 크다.

12월 3일 윤석열의 계엄령을 저들은 '계몽령'이라고 하는데, 우리 젊은 여성분들이 우경화되어 있는 젊은 남성분들을 계몽해서 대한민국을 바로 세우기를 부탁한다.

이제 우리는 윤석열 파면이라는 목표를 향해서 소중한 발걸음을 내디뎠다.

# 남태령 대첩 연대의 승리

## 이제 다시 광화문으로

2024년 12월 21일 지난주 여의도 국회의사당 앞에서 진행하던 대규모 집회는 헌법재판소 근처인 광화문 근처에서 진행되었다. 이날 민주당도 광화문에서 집회를 열었다.

이재명 대표도 광화문으로 집결해 줄 것을 부탁하는 글 〈빛의 혁명은 계속 중입니다〉를 올리며 독려했다. 빛의 혁명이라는 말이 이때부터 대중화되었다.

한강 작가의 말처럼,

계엄군 총칼에 쓰러져간 영령이 오늘의 우리를 구했습니다.

5월 광주의 빛은 촛불을 넘어 빛의 혁명으로 나아가고,

금남로의 주먹밥은 여의도 선결제로 부활했습니다.

빛의 혁명은 이제 시작일 뿐,

겨우 작은 산 하나를 넘었습니다.

영원한 지배자가 되려던 그들의 반격을 이겨내고,

이제 촛불집회는 촛불 없는 촛불집회가 되었다. 모두 응원봉으로 대체되었다. 더 이상 촛불집회면 나타나는 '떴다방' 촛불을 파는 노점상도 없다. 비록 촛불이 사라진 집회지만 여전히 촛불집회로 불리고 있다. 지난 14일 윤석열 탄핵을 이끌어낸 것에 굳이 이름을 붙이자면 예전 같으면 '촛불혁명'이라고 했을 텐데 이젠 '빛의 혁명'이라고 부른다. 비록 빛이 촛불에서 응원봉으로 바뀌었지만 이름을 응원봉 집회라고 하지 않는다. 하지만 촛불집회라는 어느새 어색해진 집회 이름을 바꾸기가 쉽지 않다. 촛불에는 자신을 불태워서 세상을 밝히는 철학적 의미가 있기 때문이다. 촛불의 희생정신이 바로 민주주의를 지키는 시민들의 마음일 것이다. 그러니 부디 응원봉을 든 젊은 친구들이 여전히 촛불집회라고 부르는데 너무 서운하지 않았으면 좋겠다. 곧 그대들의 세상이 올 것이고 촛불집회라는 단어도 역사 속으로 들어갈 것이다. '응원봉 집회'도 나쁘지 않다고 생각한다. 다만 촛불집회와 이별할 시간을 잠시 갖는 것이라고 생각한다. 무려 22년 이상을 함께 해 온 촛불집회 아니던가.

이날도 수십만 명의 시민이 모여서 '윤석열을 구속하라'고 외쳤다. 윤석열은 비록 탄핵당하였지만, 여전히 대통령실에서 대통령 노릇을 하고 있었다. 그의 공범들은 이미 내란죄로 교도소에 수감되어 있는데 내란의 우두머리가 대통령실에 멀쩡히 있다는 것은 말이 안 된다.

지난 여의도 집회와 달라진 것은 보다 다양한 깃발들이 참여하고 있다는 거였다. 이제 참신한 아이디어로 만들어진 깃발 만들어서 오는 게임과도 같았다.

이날 집회는 짧게 마무리하고 언제나 그랬듯이 안국역을 거쳐 종로 2가를 거쳐 명동으로 향하는 행진으로 마무리되었다. 뭐 그리 특별한 거 없는 계획대로 잘 짜진 평범한 집회라고 할 수 있었다. 나도 집회를 마치고 상도동 집으로 돌아왔다.

그런데 그런 게 아니었다. SNS에 남태령까지 올라온 농민 시위대가 경찰에게 막혀 있다는 소식이 올라왔다. 집회 사회자도 짤막하게 남태령 소식을 전했다. 그리고 대한민국 농민운동사에 길이 빛나게 될 투쟁의 서막이 올랐다.


## 농민들의 상경 투쟁

농민들의 상경 투쟁은 해마다 해 온 투쟁이었다. 정국의 이슈마다 내거는 구호는 달랐어도 해마다 반복되는 쌀값 하락과 추곡 수매 이슈는 변함이 없었다. 대한민국의 모든 물가가 올라 공산품 가격이 치솟아도 쌀값만큼은 해마다 떨어졌다. 한우 농가 및 낙농업의 시름도 해마다 깊어졌다.

올해는 내란을 일으키고 국회에서 탄핵을 당해 헌법재판소에서 탄핵 절차가 진행 중인 윤석열의 체포와 구속을 촉구하는 농민 단체들이 이른바 상경 투쟁을 전개하고 있었다.

전국농민총연맹 전북연맹과 광주전남연맹은 윤석열이 국회에서 탄핵을 당한 바로 다음 날인 2024년 12월 18일 정읍시 황토현에서 '전봉준 투쟁단' 출정식을 하고 트랙터를 몰고 서울로 향했다. 윤석열의 즉각 체포와 구속, 그리고 각종 농업 현안에 대한 정부의 대책을 촉구했다. 전봉준 투쟁단은 21일 서울 한남동에 도착해 윤석열 탄핵 집회에 참여할 예정이었다. 이는 경찰에 이미 신고된 집회로 합법적인 집회였다. 사실 대한민국 민주국가에서 불법집회란 존재하지 않는다. 다만 미신고 집회만 있을 뿐이다. 대한민국은 신고된 집회뿐만 아니라 미신고된 집회도 허용하고 있다.

이들은 트랙터 30여 대를 이끌고 시속 20km로 안양에서 서울로 들어가는 길목인 남태령까지 경찰의 에스코트를 받으며 3박 4일 동안 왔다.

그런데 경찰은 전북 충남 경기도를 거쳐 오기까지 에스코트까지 해 주다가 느닷없이 남태령에서 전봉준 투쟁단의 트랙터 진입을 막아섰다.

그동안 농민들의 상경 투쟁은 늘 서울을 목전에 두고 경찰에 막히었다. 이미 허가된 집회에 참여하기 위한 신고된 루트의 행진 시위였음에도 불구하고 서울 관할 경찰서인 관악, 방배경찰서는 이들을 막아섰다.

경찰이 전봉준 투쟁단을 막아서기 시작할 때는 12월 21일 오후 12시쯤이었다. 전봉준 투쟁단의 인원은 200여 명이었다. 경찰은 이들이 교통의 혼잡을 야기하고 있다며 전차선을 막고 해산을 종용하기 시작했다.

오후 5시쯤 광화문에서 촛불집회가 한창일 때 전농 유튜브에 남태령에서 경찰에 막혀 고립되어 있다는 영상이 올라왔다. 경찰이 농민들을 폭력적으로 저지하는 동영상이 삽시간에 퍼져나갔다. 경찰들이 농민들을 진압하는 과정에서 트랙터 유리를 부수고 강제로 연행하기도 했다. 이에 SNS에서 분노의 소리가 증폭됐다.

그리고 대반전의 투쟁이 시작되었다.

## 응원봉 시위대의 첫 연대 투쟁

나는 유튜브를 통해 남태령 소식을 알았다. 남태령에 전봉준 투쟁단이 고립되어 있다는 소식을 접한 10여 명의 응원봉을 든 2030 여성들이 현장에 있다고 했다. 서울 쪽에는 경찰이 진압을 위해 깔려 있고 안양 쪽으로는 트랙터와 그들이 몰고 온 트럭이 있었다. 농민들은 길을 터주라고 시위하고 있었지만 중과부적이었다. 이대로 밤이 오면 언제나 그랬던 것처럼 전봉준 투쟁단은 강제로 해산당할 것이 뻔했다.

남태령 고개를 넘으면 바로 사당역이다. 사당역은 우리 동작구에 있는 역이기도 했다. 당연히 우리가 가야 한다. 그리고 우리는 갔다.

우리가 도착했을 때 광화문에서 집회를 마친 2030 여성들이 지하철을 타고 속속 남태령에 도착했다. 밤 10시가 넘었을 때는 이미 수천 명이 넘었다. 집회에 참여한 인원들 구성을 보면 80% 이상이 2030 여성이었다. 엄청나게 몰려든 시위대에 전농 측에서도 당황했다. 전혀 예상하지 못한 장면이었다. 집회 마이크의 성능이 따라주지 못할 지경이었다. 하지만 젊은 여성들의 전봉준 투쟁단을 지지하는 자유발언은 대기시간 3시간을 넘길 정도로 뜨거웠다.

비록 현역은 아니었지만 류삼영 위원장은 자신의 안방답게 경찰들에게 길을 내 줄 것을 요구했다. 하지만 경찰은 이에 응할 생각이 없었다.

류삼영 위원장과 나는 현장을 돌아다니며 혹시 모를 사태에 대하여 경계하며 시위대와 함께했다. 마이크를 통해서 울려 퍼지는 자유발언 속에서 주옥같은 연설도 많이 나왔다.


### 자유발언에서 나온 인상 깊은 장면들

이날 자유발언 무대는 트랙터의 바가지 위에서 이루어졌다. 매우 인상 깊은 무대였다 자유발언을 통해 쏟아낸 2030 여성들의 목소리를 소개하고자 한다. 나는 그들이 쏟아내는 연설에 추위도 잊은 채 깊은 감동을 받았다.

한 여성은 "나는 고흥에서 서울로 올라온 휴학생이다. 트랙터가 얼마나 비싼 줄 아느냐. 트랙터뿐만 아니라 이앙기 등등 중요한 농기계 많다. 농민들에게 농기계가 얼마나 귀한 줄 아느냐. 농기계는 농협에서 대여하거나 빚내서 구입하거나 아니면 이웃에 빌려 써야 하는 귀한 것이고, 그 귀한 것을 서울까지 끌고 올라온 것이다. 농부 아버지를 둔 내가 서울 유학을 마칠 수 있도록 도와 달라."고 말했다.

또 한 여성은 "우리가 가장 소중한 응원봉을 들고나오는 것을 막을 수 없는 것처럼 가장 소중한 트랙터를 갖고 나오는 것을 막을 수 없다.”고 발언했다.

어느 고등학생은 “왜 농민을 가로막습니까? 왜 경찰을 사회적 참사에 투입하지 않고 농민을 몰아내는 데 씁니까?”라고 발언했다.

또 어떤 여성은 “저처럼 일상이 전쟁인 사람들을 많이 만났습니다. 더 이상 일상으로 돌아가고 싶지 않습니다. 변화된 일상을 만들 것입니다.”라고 발언해서 울림을 주었다.

“경찰들은 밥을 처먹지 말라”, “나라의 근간은 농민이다”와 같은 목소리들이 들고일어나는가 하면, 전농에 대한 후원금이 쇄도하기 시작했다. 이 불길의 발화점은 청년들, 특히 2030 여성들이었다.

2024년 응원봉을 든 2030 여성들은 당면한 윤석열의 탄핵과 구속에 매몰되지 않고 연대해서 함께 승리하는 투쟁을 전개했다.


## 남태령으로 향하는 지지와 연대의 선물들

8년 전인 2016년 박근혜가 탄핵되는 촛불 투쟁 속에서도 전봉준 투쟁단의 상경 투쟁은 있었다. 그때 광화문에서는 엄청난 인원의 촛불 투쟁이 있었지만, 경찰이 양재IC에서 트랙터를 세우고 진압하는 과정에서 농민들은 외롭게 싸우고, 싸우다 다치며 경찰에 끌려갔다. 그러나 촛불 시민들은 그들과 연대하지 못했다.

하지만 12월 22일 남태령의 동짓날 새벽은 전혀 달랐다. 트랙터 앞에서 물결치는 오천 개의 응원봉이 반짝였으며, 영하의 칼바람 속에서 노래와 춤으로 추위를 이겨냈다.

2030 여성들의 처절한 연좌시위에 감동한 많은 사람들이 핫팩과

전봉준 투쟁단과 연대하기 위하여 모여든 시민들

따듯한 차를 보내줬다. 자정이 넘어서는 닭죽도 도착했다. 시위대들은 닭죽을 농민들에게 양보했고, 농민들은 20여 시간 만에 첫 끼니를 해결했다며 감사했다. 여기에 그치지 않았다. 100만 원 정도 한다는 난방 버스가 속속 도착했다. 한밤중에 전세버스를 구해서 남태령으로 보낸 것이다. 추운 날씨에 저체온증으로 고생하는 시위대들이 몸을 녹일 수 있도록 한 것이다.

예정에 없던 민중가수가 와서 노래를 부르고 의료진까지 왔다. 남태령 지하철역 출구 앞에는 시민들이 보낸 구호용품으로 가득 찼다. 피자가 배달되고, 롯데리아 이른바 '계엄 버거'가 배달되고, 커피가 배달되었다. 젊은 여성분들을 위한 생리대도 도착했다. 여기에 돗자리, 보조배터리, 응원봉 용 AAA 건전지까지 도착했다.

아이러니하게도 남태령은 계엄 주도 세력이었던 수도방위사령부가 있는 곳이다. 남태령은 밤이 가장 길다는 동짓날 밤 민주주의를 염원하는 광장이었다. 그날 밤을 보내면 이제 낮이 점점 길어지는 시기가 열린다. 대한민국이 다시 자리를 잡아가는 시간이 되는 것이다.

동짓날 긴긴 밤이 지나고 새벽 5시 30분 남태령에 첫차가 도착했다. 속속 지하철이 도착할 때마다 수백 명의 시민이 몰려나왔다. 밤새 안타깝게 유튜브로 상황을 지켜보다가 교대해 주러 온 시민들이었다. 그리고 10시 정도 되었을 때 남태령에는 수만 명의 시민들이 모였다. 그리고 마침내 경찰은 길을 내줬다. 밤새도록 '차 빼라'를 외치던 2030 여성들의 승리이며, 전농 전봉준 투쟁단의 승리였다.

이렇게 해서 1894년 11월 11일 전봉준의 동학혁명군이 우금치에서 수만 명이 죽으면서 좌절된 상경 투쟁이 130년 만에 그 꿈을 이루게 되었다. 전봉준 투쟁단은 농민운동 역사상 처음으로 한강을 건너게 되었다.

## 탄핵 정국 속에 가장 역동적이고 감동적인 순간

2030 응원봉을 든 여성들의 남태령 투쟁은 윤석열 탄핵 정국 속에서 가장 인상적인 장면이었다. 이들은 대통령 하나 파면하는 데 그치지 않았으며, 그동안 소외되었던 여성, 성소수자, 장애인들이 농민들의 투쟁에 가장 먼저 달려와 농민들과 함께 뜻깊은 승리를 거두었다.

민주당 국회의원들도 밤새 함께했다. 민주당의 임호선, 이소영, 채현일, 문금주, 이재정, 모경종, 양문석, 이언주, 김준혁, 어기구, 임미애, 강선우, 김성회, 박선원, 진종덕, 이훈기 의원이 함께했으며 김재연 진보당 대표, 정혜경, 용혜인. 신장식, 장혜영 전 의원 등이 함께 했다. 국회의원들은 경찰을 설득해서 전봉준 투쟁단이 동작대교를 넘어 한강진역으로 진출하는데 합의를 끌어냈다. 하지만 국회의원들은 자신의 성과를 자랑하지 않았다. 오롯이 광장을 만들어낸 응원봉 젊은 시위대와 농민들에게 그 공을 돌리었다. 매우 잘한 일이고 칭찬받을 일이다. 하지만 과한 칭찬은 금물이다. 이날 투쟁의 승리의 주인공은 오롯이 응원봉을 든 2030 여성분들과 전봉준 투쟁단의 것이어야만 한다.

## 전봉준 투쟁단의 역사적인 한양 입성

마침내 전봉준 투쟁단의 트랙터가 동작대교를 넘어 한강진역에 도착했다. 전봉준 투쟁단을 환영하는 집회가 성대하게 열리고 있었다. 전봉준 투쟁단은 시위대가 만들어주는 레드 카펫을 따라 당당하게 들어왔다.

사회자가 트랙터가 들어오고 있다고 하자 모세의 기적처럼 길을 터주고 박수로 환영했다. 트랙터를 몰고 오는 농민의 눈에는 감동의 눈물이 맺혔다. 연신 손을 흔들며 감사하다는 표시를 했다.

이렇게 전농은 130년 농민 투쟁에서 가장 위대한 승리를 거뒀다. 하원오 전농 의장은 2025년 1월 21일 대의원 대회에서 남태령 투쟁을 상기하면서 다음과 같이 발언했다.

"길고 긴 동짓날 밤 남태령의 어둠을 밝혔던 연대의 응원봉 불빛이, '농민을 무시하는 윤석열과 내란 세력은 밥 먹을 자격이 없다고, 경찰은 차를 빼라'고 한목소리로 외쳤던 대동의 함성이, 바로 우리가 함께 만들어 갈 새 세상"이라며 "2월 대규모 민중 투쟁을 성사해 저들에게 준엄한 심판의 철퇴를 힘차게 내려치자. 그리고 전봉준과 갑오농민군의 정신으로, 탄핵과 정권교체를 넘어 '사람이 곧 하늘'인 만민 평등의 새 세상을 건설하고 사회 대개혁의 '천명'을 완수하자"라고 목청을 높였다.

### 남태령을 넘어 방방곡곡으로 뻗는 연대의 손길

남태령의 감동적인 승리 이후 전태일 의료센터에는 수억 원의 기부금이 쏟아졌다. 여성 농민의 농산물 플랫폼인 '언니네 텃밭'에는 회원 가입이 밀려들었다. 안국역에서는 드러눕고 전장연(전국장애인차별철폐연대)과 함께 이동권 투쟁을 벌인 2030 여성들이 있었다. 거통고 조선하청지회에는 파업기금에 쓰라고 후원금이 쌓였다. 353일째 고공농성을 벌이던 구미 옵티칼 공장에는 생수가 전달되었다. 2030 응원봉을 든 시위대는 선배들이 좀처럼 하지 못했던 일들을 전광석화처럼 해내고 있었다. 촛불을 넘어 연대의 지평선이 펼쳐졌다.

이 탄핵의 시간을 지나서도 연대의 투쟁을 밝힌 수천 개의 빛들은 지켜져야 한다. 촛불 투쟁의 역사에서 이들은 프로메테우스의 불과 같다. 꺼지지 않도록 영원히 지켜야 할 것이다.

다시 한번 동짓날의 긴긴밤을 물리쳐 준 2030 여성분들에게 감사한다. 그대들이 대한민국을 가장 긴 잠에서 깨웠다.

이날 남태령은 나에게 깊은 인상을 주었다. 특히 새벽 첫차에서 쏟아져 나오던 시민들의 물결을 잊을 수가 없다. 이 싸움은 우리가 이길 수밖에 없구나. 이 의지를 누가 꺾을 수 있겠는가. 나는 이 감동적인 역사의 현장에 함께했다는 것이 너무나 자랑스러웠다.

나는 윤석열이 계엄을 선포한 그다음 날부터 여의도를 지켰으며, 남태령에서 위대한 승리를 하는 순간에도 현장을 지켰다. 나에게는 용기이기도 했고, 자부심이기도 했고, 지금 생각하면 행운이기도 했다.

# 우주 전사 키세스 군단

## 윤석열의 출석요구서 불응

12월 9일 법무부는 윤석열에 대해 출국을 금지했다. 이어 12월 11일 검찰이 윤석열에 대해 1차 소환 통보했으나 불응했다. 윤석열에 대한 국회 탄핵이 있기도 전에 검찰은 빠르게 움직였다. 12월 14일 국회에서 윤석열에 대한 탄핵소추안이 가결되고 2월 17일 공수처(고위공직자범죄수사처)는 윤석열에게 1차 소환을 통보했다. 이튿날인 2월 18일 검찰과 경찰은 윤석열과 이상민 사건을 공수처에 이첩했다. 윤석열은 이날 공수처 1차 소환에 불응했다.

12월 20 공수처는 윤석열에게 2차 소환을 통보했으나 12월 23일 윤석열은 2차 출석요구서의 수취를 거절했으며 25일 공식적으로 소환에 불응했다. 공수처는 12월 26일 윤석열에게 3차 소환을 통보했으며 27일 윤석열은 출석요구서를 수취 거절하는 방식으로 3차 소환에도 불응했다.

공수처는 3회에 걸쳐 윤석열에게 출석해서 조사받을 것을 요구했으나 윤석열은 모두 거절했다. 윤석열 입장에서 볼 때 출석요구서를 거절한 것은 악수였다. 만일 출석했다면 불구속 수사를 받을 수도 있었을 것이다. 윤석열이 수사에 협조하는 모습을 보였다면 즉각적인 구속 수사에 공수처는 상당한 부담을 느낄 수 있었기 때문이다.

공수처는 3번에 걸친 소환 통보에도 모두 거절했던 윤석열에게 12월 30일 서울서부지법에 체포영장을 청구하고 법원은 31일 체포영장을 발부했다. 공수처는 다음 해인 2025년 1월 3일 윤석열에 대해서 체포영장 집행을 시도했으나 실패했다.

## 공수처 1차 체포영장 실패

2024년 12월 3일 윤석열 일당에 의한 내란이 발생한 이후 한 달이 지났지만, 내란 수괴는 여전히 대통령실을 지키고 있었다. 비록 12월 14일 윤석열에 대한 국회 탄핵소추안이 가결되어 집무가 정지되어 있지만 내란 혐의가 뚜렷한 윤석열이 사회에서 격리되지 않은 채 권좌에 있다는 것은 정상적인 상황이 아니었다.

공수처의 윤석열에 대한 체포영장이 실패한 2025년 1월 3일 윤석열의 즉각적인 체포를 요구하는 시민들의 시위가 관저 주변인 한강진역에서 있었다. 시민들은 윤석열이 체포될 때까지 시위를 이어가겠다며 1월 3일 금요일부터 2박3일 동안 이어갔다.

공수처가 발부받은 윤석열에 대한 체포영장 시한은 1월 7일까지였다. 비록 1월 3일 윤석열에 대한 체포 시도가 실패했다고 하더라도 아직 시간이 남아 있으므로 기한 내에 공수처가 다시 체포하기를 기대했다.

공수처는 체포영장 집행 1차 시도 실패 후 최상목 대통령 권한대행에게 윤석열 체포 협조를 위한 대통령 경호처 지휘 1차 요청을 하였으나 최 대행은 사실상 거절했다. 1월 4일에도 경호처에 대한 지휘 요청을 요구하였으나 역시 거절했다.

윤석열에 대한 즉각적인 체포를 요구하며 수많은 시민이 한강진역으로 모여들었다. 2박3일의 마지막 날 집회였다. 해가 지고 어둠이 와도 시위대는 자리를 뜨지 않았다. 남태령에서 처음 등장했던 난방버스도 도착했다. 이날 시위를 이끌었던 이들은 남태령 대첩 때처럼 2030 응원봉을 든 여성분들이 대부분이었다. 이들은 공수처가 1월 7일 체포영장 시한이 되기 전에 즉각적으로 윤석열을 체포할 것을 요구했다.

## 진눈깨비가 내리는 처절한 집회 현장

밤이 깊어 갈수록 빗방울과 눈이 섞여 내리고 있었다. 날씨도 영하 날씨로 변해갔다. 하지만 이런 혹독한 환경도 응원봉 시위대의 사기를 꺾지 못했다. 2030 여성들은 진눈깨비로 인해 물기에 젖은 아스팔트 위에 깔판을 깔고 앉아 처연하게 응원봉을 흔들며 자유발언에 화답하고 있었다. 집회 사회자는 집회 중간에 아이돌 스타들의 노래를 틀어주며 일어나서 몸을 흔들어 체온을 올려주었다. 음악이 끝나면 다시 자리에 앉아 연좌시위를 이어갔다.

이 장면은 고스란히 유튜브를 통해서 실시간으로 중계되었다. 5060 선배들은 어린 소녀들이 추위에 맞서 싸우고 있는 모습에 가슴이 찢어졌다. 남태령 대첩 때 처음 등장했던 난방 버스를 보내주고, 핫팩을 보내주고 따뜻한 커피와 컵라면을 보내주면서 응원했다.

날은 점점 추워져 영하 8도까지 떨어지고 눈발이 점점 강해지고 있는 사이에 추위에 떨고 있는 시위대를 안타깝게 여긴 오픈 채팅방의 '총대'라는 분이 은박 담요를 보내주자고 제안했다. 즉시 은박 담요를 구하기 위한 모금 운동이 시작되고 1시간도 안 되어서 100여 명이 천여만 원을 마련했다. 이들은 즉시 업체를 찾아 전화를 돌렸고 모금 시작 2시간 만에 은박 담요 1만 장이 현장에 배달되었다. 현장에 배달된 은박 담요는 즉시 시위대에 배포되었다.

## 키세스 군단의 등장

집회가 길어지고 눈이 오는 짓궂은 날씨에 저체온증으로 고생하는 시위 참가자도 늘어났다. 이런 혹독한 상황에서 은박 담요는 시위대에게 큰 힘이 되었다.

시위대는 앉은 채로 은박 담요로 머리부터 발끝까지 쓰고 눈만 겨우 내놓고 있었다. 검은 아스팔트 위에 은박 담요를 뒤집어쓴 시위대의 모습은 마치 인기 초콜릿 '키세스'를 연상하게 했는데 눈발 날리는 환경에 대비되면서 깊은 울림을 주었다.

지난 12월 21일 동짓날 밤에 모여든 남태령 대첩 이후 가장 큰 울림이었다. 은박 담요가 아무리 효과가 좋은들 추위 자체가 사라지지 않을 것이다. 이들이 은박 담요를 쓰고 밤을 지새울 수 있었던 것은 은박 담요의 포근함이 아니라 윤석열을 즉각 체포하고 대한민국이

©정혜영 의원 페이스북

정상화되어야 한다는 일념이었다. 이들은 오직 정신력으로 자리를 지키며 싸우고 있었다. 필자는 은박 담요 안에 있는 어리고 어린 10대 소녀들과 2030 청춘 여성들을 생각하면서 눈물을 흘렸다. 어디 필자뿐이겠는가. 응원봉을 들었던 키세스 군단의 투쟁 모습은 많은 사람들에게 영감을 주었다.

특히 함박눈이 내리고 있는 곳에서 무릎에는 눈이 쌓인 채 응원봉을 들고 밝게 웃고 있는 진보당 정혜영 의원과 뒤에서 은박 담요를 쓰고 잠들어 있는 보좌관의 모습이 화제가 되었다.

### 왜 하필 은박 담요인가?

은박 담요는 신체의 복사열을 이용해 보온 효과를 만든다. 은박 담요의 소재는 알루미늄인데 복사 에너지 반사율이 높고 저렴하기 때문이다.

김상욱 경희대 물리학과 교수는 SNS에 '키세스 시위대는 우주 전사라 할 만하다'라는 글을 올렸다.

"열은 전도, 대류, 복사의 3가지 방식으로 전달된다. 전도와 대류에 의한 열 손실을 막기 위해 모자를 쓰고 옷을 입고 신발을 신는다. 하지만 복사는 막기 어렵다. 복사는 온도를 가진 모든 물체가 전자기파의 형태로 에너지를 내보내는 현상이다. 고등학교 물리에서 배운 '흑체복사'다. 36도의 체온을 가진 사람의 몸은 적외선 대역의 복사를 한다. 적외선은 투과성이 좋아 옷으로 완전히 차단하기 힘들다. 진공의 우주에서는 복사가 열 손실의 주된 이유가 된다. 그래서 우주에서 스페이스 블랭킷(Space blanket)은 중요하다. 복사는 전자기파이므로 금속에서 반사된다. 금속 내부에는 자유전자가 있어 전기장의 크기를 0으로 만든다. 전자기파는 전기장의 진동이므로 금속 내부로 들어갈 수 없다. 따라서 반사된다. 은박이라고 하지만, 사실 은이라 아니라 알루미늄이다. 알루미늄은 지각에 가장 많은 금속이라 은보다 싸다. 알루미늄을 얇은 플라스틱 소재에 코팅한 것이 은박 담요다. 따라서 몸에서 나오는 적외선을 반사하여 체온을 보존해 준다. 따라서 한남동의 키세스 시위대는 우주 전사라 할 만하다."고 응원했다.

**고맙습니다. 미안합니다. 응원합니다.**

이재명 대표는 1월 5일 자신의 페이스북 은박 담요를 쓰고 앉아

있는 사진과 함께 "고맙습니다. 미안합니다. 응원합니다."라는 글을 올렸다.

12월 21일 동짓날 남태령에서 밤을 새우면서 '전봉준 투쟁단'과의 연대투쟁으로 큰 승리를 보여주며 감동을 주더니 이들은 불과 2주 뒤에 '키세스 군단'으로 나타나 기성세대들의 눈물샘을 자극했다.

이런 엄청난 일을 해낸 이들이 아리따운 2030 여성들이었다는 것은 의미가 크다. 응원봉을 들고 자신의 아이돌을 응원하던 이들이 대한민국의 민주주의가 위험에 빠졌을 때 자신이 가장 아끼는 응원봉을 들고나와 대한민국의 민주주의를 응원하며 지켜내고 있다.

농민가의 노랫말처럼 5천만 잠들었을 때 그들은 깨서 대한민국의 민주주의를 지켰다. 남태령에서 그랬던 것처럼 한남동에서도 그랬다. 그들의 용기에 고맙고, 함께 있어 주지 못해 미안하고, 윤석열 내란을 진압하고 다시 만날 그들의 세계 응원한다.

# 윤석열의 파면

2024년 12월 14일 윤석열이 국회에서 탄핵소추안이 가결된 이후 집회 장소는 자연스럽게 헌법재판소가 있는 안국역과 촛불집회의 상징과도 같은 광화문으로 옮겨졌다.

안국역에서는 촛불행동이 매일 집회를 이어갔고, 광화문 앞에는 시민들이 천막을 치고 무기한 철야 농성을 하고 있었다.

그때 참으로 많은 시민들을 만났다. 가끔 낯익은 동작구 구민들을 만날 때마다 너무나 반가웠다. 우리가 이곳에 함께 하고 있다는 연대의 느낌은 나에게 너무나 소중했다. 가끔 나를 알아보는 주민들을 볼 때면 매우 행복했다.

불행하지만 우리에게는 윤석열을 탄핵하기 이전에 박근혜를 탄핵한 경험이 있다. 그런데 윤석열의 헌법재판소 탄핵은 더디기만 했다.

박근혜가 국회에서 탄핵을 당한 날은 2016년 12월 9일이었다. 12월 9일. 그날은 내가 가장 사랑하는 대통령 노무현이 대통령이 된 날이기도 했다. 그리고 박근혜가 헌법재판소에서 최종적으로 탄핵당한 날은 2017년 3월 10일이었다. 국회부터 헌법재판소까지 92일이 걸

2025년 3월 31일 동작을 민주당 당원들과 함께

렸다. 그런데 국정농단이 주된 사유였던 박근혜에 비해 훨씬 엄중했던 친위 쿠데타이자 내란이었던 윤석열에 대한 탄핵 심판은 12월 14일부터 이듬해 4월 4일까지 112일이나 걸렸다.

매주 토요일이면 광화문에서 윤석열의 파면을 촉구하는 집회가 열렸다. 눈이 오고 바람이 불어도 집회는 계속되었다. 헌법재판소가 민심과는 다른 결정을 내리려 하는 것은 아닌지 의심스러운 상황이 계속되었다. 그도 그럴 것이 헌법재판소의 많은 재판관들이 윤석열이 임명한 자들이었다.

특히 헌법재판소는 9명 중 3명이 임기 만료로 퇴임한 상황에서 국회에서 임명한 3명의 헌법재판관을 한덕수 대통령 권한대행은 임명을 거부했다. 국회에서 합의가 되지 않았다는 이유였는데 사실은 이미 합의된 상태였다. 윤석열이 탄핵되기 이전에 합의된 내용으로 민주당 추천 2명 국민의힘 추천 1명이었다. 내란에 깊숙이 개입된 한덕수는 어떻게든 막아보려고 애를 썼다. 그러다가 한덕수는 대통령 출마를 목적으로 사임하면서 최상목이 다시 권한대행이 되었다. 최상목은 3명 중에 민주당 추천 1명, 국민의힘 추천 1명만 임명했다. 나머지 한 명은 국회가 동의를 안 했다는 논리였다. 이렇게 해서 탄핵 심판은 9명이 아니라 8명이 심리하고 있었다.

뉴스를 통해 윤석열의 파면이 불발될 수도 있다는 소식이 들려왔다. 탄핵 심판이 길어지는 이유가 8명 중에 3명 가량이 거부하고 있다는 그럴듯한 이야기가 돌아다녔다. 만일 3명만 윤석열의 손을 들어줘도 계엄은 합법이 되고 대통령으로 복귀하게 되는 것이다. 그렇다면 윤석열은 다시 계엄을 시도할 것이다. 성공할 때까지 시도할 수 있는 계엄 면허증을 발급하는 것이나 다름없다.

설마 헌법재판소가 그렇게까지 하겠어? 라는 당연한 의문이 들지만 만일 파면 기각이라는 결정을 내린다면 그것을 돌이킬 방법이 없다. 그래서 매주 매주 긴장된 마음으로 백만여 명이 광화문에서 안국역까지 모여들었다.

그리고 드디어 2025년 4월 4일 헌법재판소에서 윤석열에 대한 탄핵 심판 결과를 발표한다고 했다. 4월 3일 목요일 전국에서 수많은 사람이 광화문과 헌법재판소 앞 안국역으로 모여들었다. 안국역에서 동대문으로 가는 쪽으로는 윤석열의 지지자들이 모여서 윤석열 탄핵 기각을 외쳤다.

나는 류삼영 지역위원장을 비롯한 동작구 민주당 당원들과 함께 4

월 3일 저녁부터 윤석열 파면 집회에 참석했다. 그날의 열기는 가장 뜨거웠다.

본 집회는 밤 9시 이전에 끝났지만, 안국역에서는 철야 집회가 이어졌다. 안국역에서 광화문역을 지나 경북궁역까지 차량이 통제되었다.

봄이라고 하지만 여전히 밤 날씨는 추웠다. 아스팔트 위에 텐트를 치고 철야를 하는 사람들도 있었다. 나는 밤 11시가 넘어서 지하철을 타고 일단 집으로 왔다.

탄핵 심판에 대한 선고는 4월 4일 오전 11시로 예고되어 있었다. 나는 오전 10시쯤 지역위 사무실로 가서 류삼영 위원장을 비롯해 당원들과 함께했다. 다들 윤석열이 파면될 것이라는 기대에 부풀어 있었다.

TV 방송은 그 시각 광화문과 안국역에 모여든 시민들의 모습을 내보냈다.

광화문에서 안국역까지 대형 스크린이 설치되어 있었다. 이제 윤석열이 파면되면 광화문 앞에 설치되어 있는 농성 천막도 사라질 것이다. 겨울부터 길고 길었던 인내의 시간이 열매를 맺을 것이다.

11시 정각 대형 스크린에 문형배 헌법재판소 권한대행이 나타났다. 백여만 명이 운집된 거리였지만 스피커를 통해 흘러나오는 재판관의 목소리 외에는 아무 것도 들리지 않았다. 모두들 긴장했다. 민심은 명백한 내란이라는 데 동의했지만, 동시에 민심은 헌법재판소에 대한 신뢰에 대해서는 반신반의하고 있었다.

윤석열이 저지른 헌법 위반에 대해 열거한 이후 "피청구인의 법 위반행위가 헌법질서에 미친 부정적 영향과 파급효과가 중대하므로, 피청구인을 파면함으로써 얻는 헌법 수호의 이익이 대통령 파면에 따르는 국가적 손실을 압도할 정도로 크다고 인정됩니다. 이에 재판관 전원의 일치된 의견으로 주문을 선고합니다. 탄핵 사건이므로 선고 시각을 확인하겠습니다. 지금 시각은 오전 11시 22분입니다. 주문 피청구인 대통령 윤석열을 파면한다. 이것으로 선고를 마칩니다."라며 윤석열에 대한 파면을 선고했다.

지켜보던 우리는 환호성을 지르며 눈물범벅인 채 지역위는 흥분의 도가니로 변했다. 이로써 박근혜 국정농단에 이어 윤석열의 내란은 모두 대통령 파면으로 막을 내렸다.

윤석열은 헌법을 부정하며 친위 쿠데타로 정적을 물리적으로 제거하고 영구집권을 기도했지만, 대한민국은 더디었지만, 헌법적 절차에 따라 반민주주의자 윤석열을 파면했다.

이것이 바로 대한민국의 민주주의이다. 수백만 명이 거리에 나와서 시위해도 약탈, 방화로 얼룩지는 것이 아니라 질서를 유지하며, 노래를 부르고 구호를 외치고, 응원봉으로 서로를 격려하면서 끝내 민주주의의 위기에서 대한민국을 구했다.

우리는 옆에서 같이 윤석열의 파면을 열망하던 사람들과 하이파이브를 하고 '수고했습니다.'라며 서로의 노고를 위로했다.

2024년 겨울은 길었다.

그리고 윤석열의 퇴장과 함께 봄이 왔다.

## 조희대 대법원의 선거 개입

윤석열의 파면이 결정된 이후 대한민국 21대 대통령 선거가 2025년 6월 3일로 결정되었다. 그리고 4월 27일 이재명 후보가 89.77%라는 압도적인 지지율로 더불어민주당의 대통령 후보로 결정되었다. 정상적으로 대통령 선거가 치러진다면 이재명 후보가 대통령으로 당선될 가능성이 매우 높았다. 왜냐하면 이재명의 대통령 당선에 가장 큰 걸림돌인 '선거법 위반'에 대한 2심이 2025년 3월 26일 무죄를 선고했기 때문이다.

보통 2심에서 무죄가 나오면 대법에서 보통 무죄가 나온다. 왜냐하면 대법은 사실심이 아니라 법률심이기 때문이다. 2심에서 적용한 법률에 문제가 없는 한 2심의 판결을 존중하기 때문이다.

핵심은 김문기를 알았느냐 몰랐느냐는 인식의 영역이기 때문에 2심에서 무죄를 선고한 것을 뒤집기는 어렵다. 더군다나 대법 판결은 보통 6개월 이후에나 나오기 때문에 대법에서 대통령 선거일 이전에 대법 판결이 나올 가능성은 거의 없다.

그런데 조희대의 대법원은 4월 29일 느닷없이 5월 1일 선고하겠다

고 발표했다.

### 헌정사상 최초의 대선 패배자에 대한 선거법 위반 재판

경기남부경찰청 반부패·경제 범죄 수사대는 2022년 8월 26일 공직선거법상 허위사실 유포혐의로 이재명 당시 민주당 대표를 수원지검 성남지청에 송치했다. 이후 검찰은 공소시효를 하루 앞둔 9월 8일 이재명 대표를 기소했다.

혐의는 두 가지다. 하나는 대선 시기였던 2021년 12월 22일 방송 인터뷰에서 대장동 사업 관련자인 고(故) 김문기 성남도시개발공사 개발1처장에 대해 "하위 직원이라 시장 재직 때는 잘 몰랐다"는 발언이다. 서울중앙지검이 조사하던 사안이다. 또 하나는 이른바 '백현동 특혜 의혹' 관련 "국토부 용도변경 요청(협박)에 따른 것이었고 성남시는 응할 수밖에 없다"는 2021년 10월 국정감사 당시 답변이다. 이

역시 허위사실 공표라는 것이다. 수원지검 성남지청 형사3부가 수사하던 사건이다. 검찰은 이날 두 사건을 일괄 기소해 서울중앙지법에 넘겼다.

허위사실의 요점을 정리하면 전자는 그 사람을 알면서 왜 '모른다'라고 거짓말을 했느냐이고, 후자는 요청이 어떻게 '협박'이냐는 것이다.

이재명 대표가 성남시장을 했던 시기는 2010년 7월 1일부터 2018년 3월 15일까지였다. 수사당국의 입장은 성남시장이 되기 전에 고 김문기는 자신의 회사에 이재명이 명절선물을 요청했던 적이 있다는 거와, 2015년 12월 이재명 시장이 고 김문기에게 '대장동 공로'로 성남시장상을 수여했다는 거와, 2016년부터 2017년 사이 고 김문기가 이재명 시장에게 대장동 관련 대면보고를 수차례 했다는 것이며, 넷째는 2015년 1월 호주와 뉴질랜드에 유동규, 김문기 등 11명이 함께 출장을 가서 사진을 찍은 것이 있다는 것이다.

하지만 이 기소가 무리한 것은 아무리 사진을 함께 찍고 대면보고를 받아도 중요한 인물이라고 당시 인식하지 못했다면 제대로 기억할 수 없다는 것이다. 기억이 희미해져서 모를 수도 있는 것이고, 인연을 맺었던 시기를 잘못 기억하고 있을 수도 있는 것이다.

고 김문기를 알면서 왜 모르느냐 하는 것은 이재명 대표의 뇌를 검증하겠다는 것과 같다. 기억나지 않을 수도 있고, 긴가민가할 수도 있고, 전혀 기억 안 날 수도 있고, 언제 처음 만났는지 잘못 기억할 수도 있다. 이것은 사법적 처리가 가능한 영역이라고 할 수가 없다. 억지

기소라고 할 수 있다.

## 백현동 관련 국토부의 협박이 있었다는 발언

두 번째 허위 사실이라고 기소한 것은 백현동 관련 국토부의 협박이 있었다는 발언이다.

이재명 대표가 2021년 10월 국회 국정감사에서 '백현동 부지 용도변경 특혜 의혹'과 관련해 발언한 내용도 허위라고 했다. 당시 이재명 대표는 "국토부가 도시관리계획 변경을 요구하면 지자체장은 반영해야 된다는 의무 조항을 만들어 놓고, (백현동 용도변경을) 안 해주면 직무 유기로 문제 삼겠다고 협박했다"며 "국토부의 요구에 따라 어쩔 수 없이 한 것"이라고 했다.

공소장에 따르면, 국토부는 2014년 1월 성남시 등 지자체 28곳에 '지방 이전 공공기관 부지가 적기에 매각될 수 있도록 협조를 요청한다'는 취지의 공문을 보냈다. 그러나 국토부는 성남시가 '국토부 협조 요청이 혁신도시법에 따른 의무인가?'를 묻는 공문을 보내자 '혁신도시법에 따른 요구가 아니며, 백현동 용도변경은 성남시가 적의(適宜) 판단하라'고 답했다.

검찰은 "이 대표는 물론 백현동 부지 용도변경 업무를 담당하던 성남시 공무원들이 국토부로부터 용도변경을 해주지 않을 경우 직무 유기를 문제 삼겠다는 협박을 당하거나 그와 관련한 압박을 받은 적이 없다"며 "이 대표가 먼저 자체적으로 4단계 용도변경을 검토해 이를 내부 방침으로 정한 후 그에 따라 용도변경을 한 것"이라고 했다.

최종 결제권은 물론 이재명 시장에게 있다. 하지만 국토부와 식품연구원이 용도변경 해 주라고 24번이나 공문을 보낸 것은 사실이다. 당시 업무를 담당하던 공무원들이 용도변경을 해 주지 않을 경우 직무 유기로 문제 삼겠다는 말을 국토부로부터 들었다고 진술했으며, 이에 대한 신문 기자의 진술서도 존재한다.

### 느낌, 감정의 역역

국토부는 공문에서는 시장이 알아서 판단해 달라고 요청했지만, 구두로는 압박이 있을 수 있었을 것이다. 그 압박을 협박으로 느꼈다는 것은 순전히 감정의 영역이다.

협조 요청 공문 자체가 협박으로 느꼈을 수도 있는 것이다. 상대는 협박을 안 했다고 하고, 당사자는 협박을 당했다고 말할 수 있다.

예를 들어 요즘 문제 되고 있는 스토킹 범죄를 보면 알 수 있다. 원하지 않는 사람이 매일 자신의 집 앞이나 직장 앞에서 기다리다가 만나서 사귀자고 아무리 공손하게 얘기해도, 그것을 24번이나 한다면 당사자는 그 행위가 설령 '사랑한다'는 말을 한다 해도 협박으로 느낄 수 있다. 하지만 그 행위를 협박으로 보지 않는 수사당국에 의하여 끔찍한 살인사건으로 이어진 경우가 2022년 9월 14일 신당역에서 있었다.

우리는 일상생활에서 말도 안 되는 요구를 집요하게 반복하면, '지금 협박하는 거냐?'라고 응수하는 경우를 많이 본다. 그만큼 협박당했다는 말은 매우 주관적인 감정의 영역인 것이다. 감정의 영역을 진실

이냐 아니냐를 사법적으로 판단하겠다는 것은 무리가 아닐 수 없다.

이 두 사건처럼 감정의 영역을 선거법으로 기소한 것은 법리적으로도 문제가 있다. 공소 유지 자체도 어려울 수 있다.

공직선거법 250조에 규정된 허위사실공표죄를 보면 첫째 당선 목적의 허위 사실과 둘째 당선되게 못 할 목적의 허위 사실로 나뉠 수 있다. 이재명 대표에게 적용된 것은 당선될 목적의 허위 사실 공표이다. 법조항을 보면 다음과 같이 나와 있다.

"당선되거나 되게 할 목적으로 연설·방송·신문·통신·잡지·벽보·선전문서 기타의 방법으로 후보자(후보자가 되고자 하는 자를 포함한다. 이하 이 조에서 같다)에게 유리하도록 후보자, 후보자의 배우자 또는 직계존비속이나 형제자매의 출생지·가족관계·신분·직업·경력 등·재산·행위·소속단체, 특정인 또는 특정 단체로부터의지지 여부 등에 관하여 허위의 사실[학력을 게재하는 경우 제64조 제1항의 규정에 의한 방법으로 게재하지 아니한 경우를 포함한다]을 공표하거나 공표하게 한 자와 허위의 사실을 게재한 선전문서를 배포할 목적으로 소지한 자는 5년 이하의 징역 또는 3천만 원 이하의 벌금에 처한다. 〈개정 1995.12.30, 1997.1.13, 1997.11.14, 1998.4.30, 2000.2.16, 2004.3.12, 2010.1.25., 2015.12.24.〉"

중요한 것은 사법적 판단을 받아야 하는 허위 사실에 대해서 "후보자, 후보자의 배우자 또는 직계존비속이나 형제자매의 출생지·가족관계·신분·직업·경력 등·재산·행위·소속단체, 특정인 또는 특정 단체로부터의 지지 여부 등에 관하여 허위의 사실"이라고 구체적으로 적시하고 있다는 것이다. 이재명 대표를 기소한 누구를 모른다는 '거짓말'과 협박을 받았다는 '거짓말'의 영역은 이 조항에 해당되지 않는다. 검찰은 '등'이라는 글자를 두고 정당하다고 주장하는데, '등'이라는 글자를 이렇게 포괄적으로 적용하는 것은 '죄형법정주의'라는 헌법정신에도 어긋난다. '등'이라는 글자를 이렇게 확대해석한다면 법을 만들 필요가 뭐가 있겠는가.

헌정 사상 단 한 번도 없었던 대선 패배자에 대한 기소를 감행한 검찰은 무죄가 나올 것을 뻔히 알면서도 이재명 대표가 '거짓말쟁이'라는 프레임을 씌워서 다른 재판을 유리하게 끌고 가려는 저의가 숨어 있다고밖에 볼 수 없다.

1심은 이재명 대표에게 당선무효형 유죄를 선고했고, 2심은 전체 무죄를 선고했다. 대법원이 이미 민주당 대선후보로 선출된 이재명에 대하여 어떤 선고를 할지 이목이 집중되었다.

민주당에서는 2심과 마찬가지로 무죄를 확정할 것이라고 기대했다. 유죄 선고를 하면 다시 2심을 해야 하는데 대통령 선거 전에 결과가 나올 가능성은 거의 없기 때문이다. 국민의힘 쪽에서는 대법원이 형을 결정하는 파기자판을 할 수도 있다고 했다. 둘 중의 하나일 가능성이 매우 높았는데 파기자판은 피고인에게 유리할 때 해왔다. 그러므로 2심을 인용할 가능성이 높다고 판단했다.

그러나 5월 1일 대법원은 유죄 취지로 고법으로 돌려보냈다.

이 중요한 사건을 대법원 전원합의체는 사건 열람도 제대로 안 하고 판결했다. 고법에서 서류가 넘어오면 복사해서 판사들이 읽고 검토하는데 지금 밝혀진 거에 의하면 복사를 하지 않았다고 한다. 인터넷 전자문서를 보고 판단했다고 하는데 이는 법이 금지하고 있는 것이다. 이는 대법원이 사건 기록도 검토하지 않고 유죄로 판결했다는 뜻이다. 조희대 대법원장을 비롯해서 대법관들이 대통령 선거에 불법적으로 개입했다는 뜻인 거다. 이 사건은 현재 고발이 되어 특검에서 수사 중이니 지켜볼 일이다.

다행히 대법원에서 유죄 파기환송이 있었음에도 불구하고 이재명은 대통령 후보 등록을 마치고 선거 국면으로 들어갔다.

다행히 5월 7일 재판을 맡은 서울고법 형사7부 부장판사 이재권은 공판 기일을 대통령 선거 이후인 6월 18일 오전 10시로 연기하면서 이재명 후보는 민주당의 후보 자격으로 대통령 선거를 완주할 수 있게 되었다.

# 21대 대통령 선거

2025년 4월 27일 이재명 후보가 민주당 대선 후보로 결정되고 나서 첫 번째 일정으로 우리 지역구에 있는 동작동 국립현충원 참배가 있었다. 나는 류삼영 위원장과 함께 행사장으로 가서 이재명 후보를 맞이했다.

이날 이재명 후보는 김대중 대통령 묘역뿐만 아니라 김영삼 대통령, 이승만 박정희 대통령 묘역도 참배했다. 특히 이승만 박정희 묘역 참배는 지지자들에게 실망을 줄 수도 있었겠으나 잘한 선택이라고 본다. 이승만 박정희를 좋아하는 국민과 싸우면 안 된다. 대통령이 된다면 그들의 대통령이기도 하기 때문이다. 국민과 싸우는 대통령 윤석열이 어떻게 되었는지 우리는 바로 지켜봤다.

2025년 5월 10일 이재명 후보는 21대 대통령 선거에 후보 등록을 마쳤으며, 2025년 5월 12일부터 공식적으로 선거운동이 시작되었다.

나도 민주당 당원이자 이재명 유세본부장으로서 선거운동원이 되어 민주당의 대선 승리를 위해 뛰기 시작했다.

21대 대통령 선거에는 윤석열의 파면으로 인해 여당이 없는 상태로 진행되었다. 민주당에서는 이재명 후보가, 국민의힘은 김문수 후보가 개혁신당에서는 이준석 후보가, 민주노동당에서는 권영국 후보가 출마했다.

국민의힘에서는 김문수 후보로 결정되었으나, 중간에 한덕수 후보로 선수를 교체하는 헤프닝이 발생하기도 했다. 하지만 김문수의 법정 대응으로 선수 교체는 무산되고 김문수 후보로 결정되었다. 국민의힘이 내란의 주요 임무 종사자인 한덕수로 교체하려는 시도만 보더라도 내란 우두머리 윤석열과 한 몸이라는 것을 보여준 사건이다. 그렇다고 김문수가 윤석열과 완전히 절연한 후보도 아니었다. 김문수는 윤석열 내란을 적극 지지하는 사이비 목사 전광훈과 한 몸이기 때문이다.

이로써 박근혜 탄핵 이후 치러진 19대 대통령 보궐선거 이후 헌정 사상 두 번째로 대통령 보궐선거의 막이 올랐다.

19대 대통령 선거에서 문재인 후보가 당선되리라는 것에 의심의 여지가 없었던 것처럼, 21대 대통령 선거에서도 이재명 후보가 당선되라는 것은 의심의 여지가 없어 보였다.

하지만 이재명 후보가 당선되는 것만으로 이 선거를 규정할 수 없었다. 나는 이번 선거의 의미를 다음과 같이 정의했다.

첫 번째는 과반 이상의 득표율로 당선되어야 한다. 두 번째 김문수 후보의 득표율을 과거 홍준표 후보의 득표율 밑으로 떨어뜨려야 한다. 그래야만 내란 종식이라는 이번 선거의 의미를 제대로 살릴 수 있다. 나는 이 목표를 달성하는데 서울 동작구가 역할을 해야 한다고 생

각했다.

　지역위원장 류삼영과 나는 다음과 같은 목표를 정했다. 첫 번째로 지난 국회의원 선거에서 얻은 득표율보다 10% 더 나와야 한다. 두 번째로 이재명 후보가 얻은 전국 득표율보다 5% 더 나와야 한다. 세 번째로 서울에서 얻은 득표율보다 동작구의 득표율이 높아서 1위를 차지해야 한다. 세 목표 모두 달성하기에 버거운 목표이긴 했다. 하지만 목표가 현실적이면 선거에서는 안일해지기 쉽다. 목표를 높여 잡아야만 안일해지는 것을 막을 수 있다고 생각했다.

　선거 첫날부터 나는 유세차에 올라서 지역 골목골목을 누볐다. 윤석열 내란을 진압하는 선거인만큼 우리측 선거운동원의 기세가 대단했다. 반대로 김문수 후보 측의 선거운동은 기세가 떨어졌다. 심지어 남모르게 나에게 엄지척해 주는 김문수 후보 선거운동원도 있었다. 몸 따로 마음 따로 선거운동원이다. 이른바 생계형 선거운동원이라고 할 수 있다. 그들을 탓할 일이라고는 생각지 않는다. 그 사람이 아니어도 누군가 해야 할 일이라면 이런 비적극적 선거운동원이 있다는 것만으로도 우리에게 이득이라고 할 수 있다.

나는 매일 아침 6시부터 자정까지 선거운동을 했다. 나의 선거만큼이나 열심히 뛰었다. 어쩌면 그 이상이었는지도 모른다. 대한민국의 민주주의를 바로 세우는 선거였기에 전투에 임하는 자세로 임했다.

오전 9시까지는 유세차가 아닌 지하철역 주변에서 출근하는 시민들에게 인사를 하면서 투표에 참여해 줄 것을 독려했다. 이재명 후보를 찍어달라고 하지 않아도 되었다. 투표장에만 나가 달라고 해도 된다. 10시부터 오후 6시까지는 유세차를 이용해서 골목골목을 누볐다. 그리고 오후 6시부터 8시까지는 다시 지하철역에서 퇴근하는 시민들을 향해서 투표 독려 활동을 했다. 이후 자정까지는 식당, 주점, 상가 등을 돌면서 시민들을 만났다.

이재명 후보가 가는 곳마다 인산인해였다. 유튜브를 통해 그 장면을 볼 때마다 가슴이 뿌듯해졌다. 그렇게 많은 사람들이 모인 곳에서 선거운동을 하면 에너지가 폭발하리라 생각했다. 하지만 내가 해야 할 일은 그렇게 많은 사람들을 모아놓고 하는 것이 아니다. 나는 기껏해야 몇십 명이 모여 있는 곳에서 유세차 연설을 하는 것이다. 내 연설에 귀 기울이는 사람도 거의 없다. 그래도 나는 목이 쉬도록 연설했다. 경청하는 유권자는 많지 않아도 수고한다며 격려해 주는 유권자들은 넘쳐났다. 결과가 정해진 선거라고 해서 대충 선거운동을 하면 유권자들은 용서하지 않는다. 하다못해 투표장에 가지 않는 것으

로라도 응징한다. 호랑이가 토끼를 잡을 때도 최선을 다하는 것처럼 내란 종식이라는 목표를 달성하기 위해 끝까지 자만하지 않고 최선을 다하는 현장의 장수가 되어야 한다고 생각했다. 유권자들에게 민주당 당원들이 하나가 되어 최선을 다하고 있다는 것을 보여줘야 한다.

이재명 후보가 하루 빨리 동작구를 방문해 주기를 기대했다. 그리고 마침내 그날이 왔다. 5월 29일 오후 7시 관악산 으뜸공원에 이재명 후보가 방문했다. 그런데 방문 장소가 애매하다. 동작구가 아니라 관악구이다. 류삼영 동작을 위원장이 동작구에서 선거운동을 중단하고 관악구에 소재한 으뜸공원에 가도 되는 것인가. 혹시 근무지 이탈(?)로 오해받을 수 있다며 만류하는 사람도 많았다. 하지만 나는 반드시 가야 한다고 주장했다. 사실 관악산 으뜸공원은 동작구에서도 그리 멀지 않다. 결국 류삼영 위원장은 참가하기로 결정했다. 모든 선거운동원을 동원해서 가지 않고 일부 선거운동원들만 동원해서 참석했다.

으뜸공원은 모처럼 시민들로 가득 찼다. 관악산 등산을 마치고 내려온 시민들도 이재명 후보가 등장하기를 기다렸다. 그리고 이재명 후보가 나타났다. 마이크를 잡은 이재명 후보는 다음과 같이 연설을 시작했다.

"존경하는 관악, 동작, 금천구민 여러분 그리고 서울시민 여러분 참으로 힘든 시절 아닙니까? 그래도 우리 잘 견뎌내야죠? 견디는 것을 넘어서서 6월 3일부터는 희망 있는 안전하고 평화로운 세상 우리 손으로 꼭 만들면 좋겠습니다. 자신 있죠, 할 수 있죠? 우리가 세상의 주인 아닙니까? 오늘 우리 이태원 희생자 유가족 여러분 함께해 주셨는데 참으로 마음이 무겁습니다. 국가가 존재하는 이유, 국민의 생명과 안전을 지키고 더 나은 삶을 만들어 주는 것, 그것이 국가의 책임, 정치의 책임 아닙니까?"

관악뿐만 아니라 동작, 금천을 언급해 주셨다. 안심이 되었다. 참여하길 다행이라고 생각했다. 이재명 후보 연설 말미에는 정말 잘했다고 생각했다.

"우리 금천의 최기상 의원님, 동작갑 김병기 의원님, 그리고 동작을의 류삼영 지역위원장님, 잠깐 일어나시지요. 그리고 놀러 오신 우리 서미화 의원님, 우리 장애인 비례대표 의원이십니다. 큰 박수로 격려 부탁드립니다. '잘 키운 머슴 하나, 못된 대통령 100명보다 더 낫다' 잘 키워서 잘 부리시기를 바랍니다. 희망을 가집시다. 그리고 포기하지 맙시다. 참여해서 반드시 이겨내고 희망 있는 나라, 세계에 자랑할 만한 대한민국, 진짜 대한민국과 진정한 민주공화국을 꼭 함께 만듭시다."

이날 으뜸공원 집중 유세를 마치고 와서 류삼영 위원장이 나를 추켜세웠다. 지난번 윤석열이 내란을 일으켰을 때도 국회로 가야 한다며 독려하더니, 이번에도 으뜸공원에 가야 한다고 강하게 주장해서 갔는데 신 의원의 선택이 언제나 옳았다고 했다. 나는 기분이 좋았다.

6월 3일 오후 8시 모든 선거운동이 끝났다. 원래 정상적인 선거는 오후 6시에 마감되나 보궐선거는 오후 8시까지 연장된다.

21대 대통령 선거 최종 투표율은 79.4%였다. 20대 대통령 선거는 77.1%였으면, 보궐선거였던 19대 대통령 선거는 77.2%였다. 박근혜 최순실 국정농단으로 비롯된 19대 대통령 선거에 비해서 무려 2.2%나 올랐다. 그만큼 윤석열의 내란에 대한 관심이 높았다는 것이다.

출구 조사에서 일찌감치 대통령 당선이 예상되었다. 이재명 후보는 최종 득표율은 49.42%로 당선되었다. 김문수 후보는 41.15%, 이준석 후보는 8.34%, 권영국 후보는 0.98%였다. 다소 혼란스러운 결과였다. 첫째 과반 득표에 실패했다. 둘째 내란당 국민의힘 김문수 후보가 40%를 너끈히 넘었다는 것이다.

다행스러운 것은 권영국 후보 득표율을 합치면 50.4%로 민주 진영이 50%를 돌파했으며, 이준석 후보 득표율을 합치면 58.38%로 17% 이상 차이로 내란 세력을 응징했다는 것이다.

서울에서 이재명 후보는 47.1%, 김문수 후보는 41.6로 5.5% 차이였다. 전국 평균 득표율보다 2.41% 낮은 수치였다.

그렇다면 동작구의 결과는 어땠을까? 동작구에서 이재명 후보는 46.91%, 김문수 후보는 40.94%였다. 서울 평균 득표율보다 0.2% 낮은 수치였다. 나는 매우 실망했다.

문재인 후보가 당선되었던 대통령 보궐선거였던 19대 대통령 선거에서 서울 득표율은 42.34%였으며 동작구 득표율은 44.12%였다. 서울 득표율보다 1.78% 높았다. 당시 서울 평균 득표율에 비해서 낮은 수치였다.

동작구가 강남 3구의 투표유형에 가까워지고 있다는 증거로 해석된다. 19대 대선에서 강남(35.36%) 서초(36.43%) 송파(40.30)는 고전을 했다. 21대 대선에서도 강남(32.23%) 서초(33.93%) 송파(42.11%)로 김문수 후보에게 밀렸다. 여기에 내란의 진원지라고 할 수 있는 용산구에서는 이재명 후보 41.14% 김문수 후보는 47.6%로 패배했다. 매우 뼈아픈 결과였다. 동작구에서 얻은 득표율(46.91%)은 서울에서 이른바 강남3구 외에 성동구(45.19%) 영등포구(45.91%) 강동구(46.18%) 중구(46.84%)에 이어 끝에서 8째로 낮은 득표율이었다.

국민의힘이 배출한 윤석열의 내란 쿠데타에 의해 실시된 보궐선거였음에도 불구하고 강남 서초 송파 용산은 국민의힘 김문수 후보를 선택했다. 서울에서 아파트 가격이 가장 높은 구들이다. 매우 씁쓸하다. 나경원이 여론조사의 결과와는 다르게 류삼영을 누르고 당선된 배경에도 아파트 가격에 대한 욕망이 한몫했다. 나경원은 당시 '강남 4구'라며 동작구민의 욕망을 적극적으로 자극하면서 당선되었다. 당시 류삼영 후보는 45.98%로 나경원 54.01%보다 무려 8.03%로 졌는데 이번에는 5.97% 차이로 승리했다. 14% 상승한 결과이다. 이 결과만 본다면 동작구의 선거 결과에 너무 실망할 필요는 없다.

우리는 소기의 목적은 달성한 셈이다. 하지만 대통령 선거만 본다면 민주당이 경각심을 늦춰서는 안 된다는 결과였다. 다음 지방선거, 국회의원 선거에서 안심할 수 없다. 오히려 지난 지방선거 국회의원 선거보다 더 힘들어질 수도 있다. 자만하지 말고 너 낮은 자세로 주민을 만나야 한다. 보수화되고 있는 민심을 탓해서는 안 된다. 다행히 이재명 대통령은 선거운동을 할 때도 대통령으로 당선된 이후 행정에서도 외교 경제 안보 분야에서도 보수 정권보다 더 뛰어난 업적을 일궈내고 있다. 뛰어난 대통령과 함께 뛰어난 현장의 일꾼으로 다시 태어나야 한다.

# 내일은 무너진 대한민국이 바로 서길

둥근 달 아래 광화문

광화문 곁에 동작을 깃발

함께하는 수많은 간절함.

오늘도 집에 오는 길에

오늘이 마지막이길

내일은 무너진 대한민국이

바로 서는 날이 되길…

매일 나서는 광화문에

오지 않아도 되는 날이 되길.

3월 14일

# 광화문

매일매일 지겹도록 온다.

지치고 힘들지만 온다.

수많은 시민이 함께 있어

흐려지는 정신을 바로잡는다.

올 때마다 기도하는 마음이다.

오늘이 마지막이길…

'파면' 헌재의 이 한마디

간절히 기다리며.

3월 20일

# 2025년 동작을 당원 신년회

　'2025 동작을 당원 신년회 및 화합 한마당' 사회를 맡은 신희근입니다.

　2024년은 그야말로 다사다난한 한 해였습니다. 우리 동작을에 류삼영 위원장께서 3월 3일에 후보로 오신 직후부터 선거를 치르고, 휴식 기간도 없이 바로 지역을 챙기고 각 동 회의와 행사를 촘촘히 다니면서 지역 주민과 당원들과 하나가 되려고 노력한 한 해였습니다.

　또한 각종 사건 사고로 숨 가쁘게 달려온 한 해였습니다.

　11월에 김건희 탄핵을 위한 서명운동에 당원 여러분이 함께 해주셨습니다.

　마지막 달인 12월에는 뜬금없는 계엄으로 좌절하고 분노하며 추운 날씨에도 광화문으로, 여의도로,

뛰쳐나가 함께 해 주셨습니다.

엎친 데 덮친 격으로 가는 해 문턱을 넘지 못하고 제주항공 사고로 슬픈 마음 안고 새해를 맞이했습니다.

내란수괴 윤석열은 관저에 처박혀 헌법을 우롱하며 아직도 내란을 획책하고 있습니다.

지금도, 존경하는 우리 당원님들은 광화문으로, 안국동으로, 한남동으로 가고 있습니다. 감사합니다.

윤석열의 탄핵 재판은 현재 문제없이 진행되고 있고 반드시 파면될 것입니다.

다만 형사재판 내란죄로 구속되기 싫어서 버티고 있을 뿐입니다.

새해에는 국민이 나라 걱정, 정치 걱정, 내란 걱정 안하는 세상, 광화문으로 한남동으로 가서 추위에 떨면서 소리 지르지 않아도 되는 세상, 평범한 일상으로 돌아가 본업에 충실할 수 있는 아주 소박한 꿈이 이루어지는 세상이 바로 이루어질 거라 믿습니다.

우리 동작을 지역위원회는 이번 신년회를 계기로 류삼영 위원장님을 위시하여 당원님들이, 함께, 한마음이 되어 동작을 바꾸고, 서울을 바꾸고, 나라를 바꾸는, 그 시작이 오늘 신년회가 되길 바라는 마음으로 '2025 동작을 당원 신년회 및 화합 한마당'을 시작하겠습니다.


2025년 1월 11일

# 나경원 의원에 대한 호소

1차 탄핵소추안이 부결된 이후 국민의힘 국회의원의 협조 없이는 탄핵이 불가능하다는 것이 명백해졌다. 전에는 아무리 미웠던 국민의힘 국회의원이라 할지라도 탄핵에만 찬성해 준다면 어느 정도 용서해 주고 싶었다.

나는 2차 탄핵 의결을 이틀 앞둔 12월 12일 지역 주민들과 함께 동작구의 국회의원인 나경원 의원 사무실 앞에서, 또 페이스북을 통해 다음과 같이 호소했다. 나중에 든 생각이지만 내가 참 부질없는 짓을 했다. 그래도 그때 나는 절박했다. 국민의힘 국회의원을 둔 전국에 모든 지역구에서 나와 같은 호소를 했을 것이다.

다음은 페이스북 전문이다.

나경원 의원께 호소합니다.

정신 차리십시오.

국민이 보고 있습니다.

나경원 의원님 동작구민께 부끄럽지 않습니까?

나경원 의원님 역사에 죄를 짓지 마십시오.

나경원 의원님 계엄 해제 표결에 왜 불참하셨습니까?

나경원 의원님 반헌법적인 계엄을 찬성하는 겁니까?

나경원 의원님 윤석열 내란에 동조하는 겁니까?

나경원 의원님 내란 주동자 탄핵에 왜 반대하십니까?

나경원 의원님 내란의 우두머리가, 출국금지 당하고 입건된 범죄자가, 대통령 자리에 그대로 앉아 있는 게 말이나 된다고 생각하십니까?

나경원 의원님 국민이 들불처럼 일어서는 것이 안 보이십니까?

나경원 의원님, 내란의 공범 한덕수와 아무런 권한이 없는 한동훈의 수렴 통치, 반헌법적 권한 행사가 헌법에 부합한다고 생각하십니까?

무자격자들의 국가 통치를 이대로 보고만 있겠습니까?

나경원 의원님, 이 나라의 무정부 상태를 언제까지 방치할 겁니까?

판사 출신 나경원 의원님, 누구보다 법을 잘 아시는 분이 지금 하는 본인의 처사가 온당하다고 생각하십니까?

국민은 안중에도 없습니까?

나경원 의원님. 이 엄중한 시국에 주판알 굴리고 머리 굴리며 본인과 국힘당의 유불리를 따지고 정권 잡을 시기를 저울질이나 하고 싶습니까?

나경원 의원님 내란의 동조자로 역사에 남고 싶습니까?

나경원 의원님, 지금의 대한민국은 군홧발과 총칼로부터 선배 민주시민의 피로써 지켜온 자랑스런 민주국가입니다.

12.3 내란 계엄을 민주시민이 몸으로 지켜내는 동안 당신은 어디서 무얼 했습니까?

5선의 중진이신 나경원 의원님

역사에 죄를 짓지 마십시오.

질서 있는 퇴진은 헌법에 보장된 국회에 의한 탄핵과 스스로 그 직을 내려놓는 것. 그것만이 한동훈이 말하는 질서 있는 퇴진인 것입니다.

전국 방방곡곡에서 들불처럼 일고 있는 촛불들을 직시하시고 탄핵 대열에 합류하십시오.

역사는 기억할 겁니다.

국민는 반드시 기억할 겁니다.

동작구민은 반드시 나경원을 잊지 않고 기억하여 총선에서 심판할 겁니다.

나경원 의원님,

부디 탄핵의 대열에 합류하여 대한민국의 진정한 보수로 역사에 기록될 수 있도록 동참해 주십시오 제발~

감사합니다.

2024년 12월 12일

# 시민들이 막아서 표결 불참했다는 나경원

2024년 12월 19일 동작구의 국민의힘 국회의원 나경원은 국회에서 "민주당 지지자들이 막아서 계엄 해제 표결에 참석하지 못했다."고 궤변을 쏟아냈다. 나경원의 말에 의하면 국회에 진입하려고 하는데 민주당 지지자들이 막아서며 제지했다는 것이다. 그래서 당사에 머물렀다고 주장했다. 또한 민주당 의원들은 어떻게 국회에 들어갔는지 의문이라고 했다. 참으로 기가 막히다.

그날 공개된 여러 동영상을 보면 나경원은 시민들이 제지해서 국민의힘 당사로 돌아간 것이 아니라, 스스로 돌아간 것이다. 나경원의 말에 의하면 계엄은 잘못되었지만 탄핵에는 반대한다는 뜻이다. 앞뒤가 안 맞는 변명일 뿐이다.

국회의원이란 자가 계엄군을 막으러 온 국민들 때문에 국회에 못 들어왔다고 변명하고 있다. 그날 국민의힘 소속 국회의원이라 할지라도 시민들은 국회에 한 명이라도 더 들여보내기 위해 안간힘을 썼다. 추경호 원내대표도 국회에 들어가서 몇 명이나 들어왔는지 손가락으로 다 세고 정작 투표는 하지 않고 회의장을 빠져나갔다.

목숨을 걸고 국회를 지키려 했던 국민을 탓하는 것은 지나쳐도 너무 지난 친 것이다. 국회 앞을 지키던 애국 시민들을 폭도로 둔갑시키는 변명이다.

정신 차리라고 해서 정신 차릴 것 같지 않지만, 우리 지역구의 국회의원이기 때문에 그냥 지나칠 수가 없다. 우리 국민은 개돼지가 아니다. 오히려 파렴치한 내란범과 여전히 결별하지 못하고 탄핵에 반대하고 있는 당신네가 내란범 윤석열의 개돼지 하수인이라고 할 수 있다.

윤석열의 탄핵을 끝까지 반대하고 아직도 사태파악 못하고 국민 탓으로 돌리는 모습에 국민은 열불 나고 화가 뻗쳐서 잠마저 설쳤다.

저런 자에게 지난 선거에서 우리 류삼영 위원장이 패배했다는 것이 몹시 분했다. 이제 더 이상 우리 국민은, 우리 구민은 1년만 지나면 다 잊어 버리는 개돼지가 아니라는 것을 보여줄 것이다.

나경원의 궤변을 보면서 나는 생각했다.

이 멋진 대한민국에서 왜 나는 쪽팔려서 얼굴을 들 수 없을까?

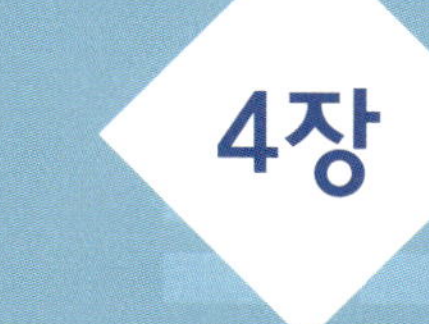


# 어느 날 문득 푸시킨 시인을 생각하며

# 동작구는 1년 내내 축제판

2025년 기준으로 대한민국의 지방자치단체(지자체) 수는 광역 17개, 기초 226개로 총 243개가 있다. 이들이 실질적으로 주민의 삶을 책임지고 있는 주체이다.

해마다 계절마다 전국 방방곡곡에서는 지자체 숫자보다 훨씬 많은 지자체가 주최하는 수백 천여 개의 축제가 열린다. 그런데 그중에 성공한 축제는 그리 많지 않다.

대한민국에서 지자체가 주도하는 축제 중에 성공한 축제를 살펴보면 무주의 '반딧불 축제', 화천의 '산천어 축제', 내 고향 김제의 '지평선 축제', 진주의 '남강 유등 축제' 등이 있다.

이 축제들은 널리 알려져 있고, 축제 때는 수많은 관광객이 찾는다. 그렇다 보니 지역경제에도 엄청난 도움이 된다. 전국에서 이들 축제에 참여하기 위하여 때를 기다린다.

지방정부 입장에서는 이들의 성공이 부러울 수밖에 없다. 축제를 통해 지역민들이 일체감을 느낄 수도 있고, 몰려든 관광객으로 인해 지역경제에 활력이 돋는다.

그렇다 보니 전국에 있는 모든 지자체가 수많은 축제를 기획하고 실행에 옮긴다. 하지만 그중에 소기의 성과를 내는 축제는 찾아보기 힘들다. 대부분의 축제는 예산만 낭비하고 실패한다.

그렇다면 왜 실패할까? 성공하는 지자체의 축제는 왜 성공할까?

축제가 성공하기 위해서 가장 중요한 것은 '킬러 콘텐츠'이다. 관광객을 끌어들일 만한 강력한 콘텐츠가 중요하다. 성공한 축제들은 강력한 킬러 콘텐츠를 통해 자발적으로 모여들게 한다.

킬러 콘텐츠는 그 지역이 갖고 있는 지리적 문화적 특징을 극대화한 경우가 대부분이다. 억새꽃이 풍부하면 억새 축제, 물이 풍부하면 물 축제를 할 수 있다.

자연환경이 부족해도 킬러 콘텐츠를 개발해서 성공시키는 사례도 있다. 그 대표적인 것이 최근에 대한민국을 들썩이게 했던 김천의 '김밥 축제'이다. 도대체 김천이라는 도시와 김밥이 무슨 상관이 있을까? 따지고 보면 아무 상관도 없는데 억지로 '김천'이라는 도시명이 '김으로 된 천'이라는 네이밍을 했다. 누구나 코웃음 칠 말장난 같은 네이밍인데 이게 제대로 먹혔다. 김밥을 위해 만들어진 도시라는 억지스러운 주장의 축제가 열렸는데 엄청난 성공을 거두었다.

풍부한 김밥의 종류를 선보이면서 김밥만 먹으면서도 축제를 즐길수 있게 만들었다. 김밥에 진심인 김천의 이미지를 만드는 데 성공했다. 김밥 축제를 하고 있는 다른 지자체와는 비교할 수도 없는 성공을 거두었다. 상상을 초월하는 김밥의 종류와 합리적인 가격이 성공의 비결이었다. 김천과 김밥을 엮어서 킬로 콘텐츠로 발전시킨 것이다.

킬러 콘텐츠로 무장하지 않고 어설프게 준비하고 대충 실행하는 축
제는 실패하는 것이 당연하다.

내가 살고 있는 동작구도 별반 다르지 않다.

동작구는 1년 내내 축제 판이다.

아파트마다 축제를 연다. 바자회, 야시장의 형태를 띤 축제들이 범
람한다. 외부인들이 와서 자릿세 내고 천막을 치고 장사를 한다. 하루
종일 먹고 마시며 시끌벅적하지만, 축제의 주인이 주민인지 상인인지
또 지역경제 활성화에 도움이 되는 것인지, 성과를 냉정하게 평가해
볼 필요가 있다.

이 외에도 몇백 명의 어르신이 공연장이 좁아 집으로 그냥 돌아간
실패한 효축제, 또 실패를 만회하기 위해 추가로 급조된 2번째 효축
제, 신청사 축제, 각 동마다 축제, 시장마다 축제, 가을 음악회 등등 수
없이 많다.

그럴 때마다 비싼 돈 주고 가수들 불러 시간을 보낸다. 행사 취지하
고는 무관하게 구민들 모아 놓고 노래나 부르는 돈 잔치를 하고 있는
것이다. 가수 몇 명 부른다고 그 축제가 성공하는 것이 아니다. 앞에
서 언급한 킬러 콘텐츠가 없기 때문이다.

효축제가 그 대표적이다. 축제라 함은 전 연령층이 참여해서 세대
간 통합을 이루던지, 중심 연령층의 열광적인 참여를 유도해야 한다.
그런데 효축제는 어르신들을 모셔놓고 공연을 보여주는 것이 전부이
다. 더군다나 유교식의 전통적인 효를 강조하는 측면은 젊은 세대들
의 반발을 살 수도 있다. 어버이날을 맞아 치르는 행사를 축제라는 거

창한 이름으로 포장하고 있는 것은 아닌지 생각해 볼만하다. 자신의 손자 손녀의 손을 잡고 참여하는 행사가 아니라, 가족 중에 유일하게 참여하는 고령자들만 모아 놓고 무대에서 노래하고 춤추고, 어르신들은 박수나 치는 것은 축제가 아니다. 그냥 무료 공연일 뿐이다. 효는 강요한다고 되는 것은 아니다. 효라는 콘텐츠는 축제로 승화시키에 매우 진부하다고 할 수 있다.

킬로 콘텐츠 없이 구민 혈세로 하는 흥청망청하는 축제들. 매번 동원되는 동작구민들은 과연 행복할까?

행사 때마다 직무와 상관없이 불려 나가는 공무원은 또 무슨 죄란 말인가.

동작구민 중 극히 일부만 축제 사실을 알고, 그중에 극히 일부만 참여하는 축제지만, 그 축제를 통해 실질적으로 선거 운동을 하고 있는 것은 아닌지 의심스럽다.

지방선거 제대로 해서 이런 선거용 놀자판 행정을 멈추게 해야 한다.

동작구에는 그나마 매년 4월에 개최되는 괜찮은 축제가 있다. 2025년까지 9회에 걸쳐 펼쳐진 '이팝나무 꽃축제'이다. 상도역 사거리부터 숭실대 정문까지 이어지는 이팝나무 꽃길의 아름다움을 주민들과 함께 나누고자 기획됐다.

동작구에서 진행되는 축제 중에 가장 관심이 가는 축제라고 할 수 있다. 이팝나무에 꽃이 무성하게 피면 풍년이 든다고 했다. 이팝나무의 흰 꽃이 흰 쌀밥 같아서 이팝나무라 불린다는 얘기도 있다.

행사장 곳곳에 마련된 체험 부스에서는 가족 놀이 챌린지, 키링 만

들기, 그림 그리기, 페이스페인팅 등 다양한 활동을 즐길 수 있다. 어린이를 위한 '에어바운스 놀이터'와 이팝나무를 배경으로 추억을 남길 수 있는 '포토존'도 운영된다.

이팝나무는 아름답다. 전국 곳곳에 이팝나무가 널려 있다. 요즘 가로수로 많이 활용되고 있다. 그렇다 보니 동작구의 이팝나무가 특별한 것은 아니다. 다시 말해 관광객을 끌어 모을 만큼의 킬러 콘텐츠는 아니라는 것이다. 하지만 동작구민들에게 만큼은 모처럼 기분 좋은 봄날을 선사해 줄 축제로 자리 잡았다.

반드시 관광객을 끌어들여만 성공한 축제라고 할 수 없다. 주민들의 자발적인 참여로 인한 기분 좋은 축제. 그것도 성공한 축제라고 할 수 있다.

## 내 뺨을 때릴 수 있겠는가?

대통령이란 지도자가 해야 할 가장 중요한 일은 사람을 제대로 쓰는 일이다. '인사가 만사'라는 말이 결코 과장은 아니다. 특히 자신에게 쓴소리할 수 있는 인사가 중요하다. 그렇다고 무조건 반대하는 인사를 쓰라는 것은 아니다. 사리에 맞고 국가를 위한 충정에서 나온 쓴소리라면 경청할 줄 알아야 한다는 것이다.

인사에 관한 재미난 이야기가 있다. 물론 이와 비슷한 이야기는 동서고금에 많이 나온다.

조선 말기 제26대 임금인 고종의 아버지 이하응에 관한 일화이다. 몰락한 왕족인 젊은 이하응이 기생 집을 드나들던 어느 날이었다.

술집에서 추태를 부리는 이하응에게 금군 별장(종2품 무관) 이장렴이 강력하게 나무랐다. 이에 화가 난 이하응이 소리쳤다.

"그래도 내가 왕족이거늘 감히 일개 군관이 무례하구나!"

그러자 이장렴은 이하응의 뺨을 후려치면서 큰소리로 호통을 쳤다.

"한 나라의 종친이면 체통을 지켜야지. 이렇게 추태를 부리고 외상 술이나 마시며 왕실을 더럽혀서야 되겠소! 나라를 사랑하는 마음으

운현궁

로 뺨을 때린 것이니 그리 아시오.”

이하응은 더 이상 대꾸를 하지 않았다. 세월이 흘러 이하응이 흥선 대원군이 되어 이장렴을 운현궁으로 불렀다.

이장렴은 부름을 받자 죽음을 각오하고 가족에게 유언까지 남기고 운현궁으로 들어갔다.

이장렴이 방에 들어서자, 흥선대원군은 눈을 부릅뜨면서 물었다.

“자네는 이 자리에서도 내 뺨을 때릴 수 있겠는가?”

그러자 이장렴이 당당하게 대답했다.

“대감께서 지금도 그때와 같은 못된 술버릇을 갖고 있다면 이 손을 억제하지 못할 것입니다.”

이장렴의 말에 흥선대원군은 호탕하게 웃으며 말했다.

“조만간 그 술집에 다시 가려고 했는데 자네 때문에 안 되겠군. 하지만, 내가 오늘 좋은 인재를 얻은 것 같네."

흥선대원군은 이장렴을 극진히 대접하고 그가 돌아갈 때는 문밖까지 나와 배웅했다.

그리고 사람들에게 이렇게 말했다.

"금위대장 나가시니 앞을 물리고, 중문으로 모시도록 하여라."

당시 이하응은 아들 명복(고종)과 자신의 생명을 유지하려고 일부러 한량처럼 살았다. 왕이 되지 못한 왕족은 똑똑한 티를 내면 안 되기 때문이다.

대원군이 되기 전의 이하응 인생은 연기였다. 하지만 이장렴이 그것을 어찌 알았겠는가. 오직 나라를 생각하는 충성심만 있었을 뿐이다.

이하응은 그런 삶을 살면서도 제대로 된 인물을 눈여겨보는 지혜로움을 가졌다. 현재를 살아가는 우리에게도 많은 것을 생각하게 한다.

흥선대원군에 대한 평가는 많이 엇갈린다. 쇄국정책으로 조선의 발전을 막았다는 평가도 있다. 경북궁 재건을 통해 많은 국고의 손실도 있었다. 하지만 흥선대원군이 아니었다면 지금 대한민국의 자랑인 경북궁은 존재할 수 없었을 것이다.

나라면 어찌했을까. 나는 과연 나에게 진심을 담아 충고하는 사람들을 가까이하고 있는가.

과거에는 자신에게 쓴소리를 하거나 대척점에 있던 많은 사람들을 중용해서 성과를 내고 있는 이재명 대통령을 보면서 흥선대원군과 이장렴의 일화를 다시금 생각한다.

# 약속의 무게

로마 공화국과 카르타고 제국 사이에 벌어진 '포에니 전쟁' 때의 일이다.

엎치락뒤치락하는 치열한 전투가 계속되는 가운데, 카르타고 진영에서 로마의 레귤러스 장군을 포로로 잡게 되었다.

카르타고 진영에서는 처음에 그를 죽이려고 했지만, 점점 전세가 불리해지자 그를 이용하기로 하고 그에게 한 가지 제안을 했다.

"장군, 우리는 로마와 휴전하기를 원합니다. 장군을 석방할 테니 로마로 가서 휴전을 주선해 주시오. 그러나 만일, 장군의 주선에도 불구하고 로마가 응하지 않는다면 장군은 다시 이 감옥으로 돌아올 것을 약속해야 합니다."

레귤러스 장군은 당장 살기 위해서 로마로 돌아갈 것인지, 명예롭게 죽음을 택할 것인지 심각한 갈등에 빠졌다. 결국 그는 자신이 죽기 전에 조국을 위해 해야 할 일을 깨닫고는 그들의 요구를 받아들였다.

얼마 후 레귤러스 장군은 로마로 돌아가게 되었다. 그가 살아온 것을 진심으로 기뻐해 주는 황제에게 장군은 자신이 살아온 이유를 설명했다.

"저는 화친을 촉구하기 위해 카르타고로부터 파견되었습니다." 그가 말했습니다. "그러나 화친을 하는 것은 현명하지 않을 것입니다. 사실, 우리가 몇몇 전투에서는 패했지만, 우리의 군대는 나날이 우세해지고 있습니다. 카르타고 국민들은 두려워하고 있으며 또, 그것이 당연하다고 생각됩니다. 한동안 더 전쟁을 끌고 나가면, 카르타고는 우리들의 수중에 들 것입니다. 저로서는 아내와 아이들 그리고 로마에 작별을 고하기 위해 왔습니다. 내일 저는 카르타고로 돌아가 감옥으로 갈 것입니다. 왜냐하면 저는 약속을 하였기 때문입니다."

그러자 원로원 의원들은 그대로 있으라고 그를 설득했다.

처형당하는 레규러스 장군

"당신 대신에 다른 사람을 보내겠소." 그들이 말했다.

"로마인이 약속을 지키지 말라고요?" 레귤러스가 말했다.

"저는 병들었으며, 기껏해야 살 날이 많지 않습니다. 저는 약속한 대로 돌아가겠습니다."

그의 아내와 어린아이들은 울었으며, 그의 아들들은 다시 자기들을 떠나지 말라고 간청했다.

"나는 약속을 했단다." 레귤러스가 말했다. "뒷일은 그들이 보살펴 줄거야."

그리고 나서 그는 그들에게 작별을 고하고, 용감하게 감옥으로 돌아가 그가 기대한 가혹한 죽음을 맞이했다.

이것이 로마를 세계에서 가장 위대한 도시로 만든 용기의 본질이었다.

우리는 살아가면서 수많은 약속을 한다. 작은 약속부터 큰 약속까지 매일매일 약속의 연속이다. 한번 한 약속을 철석처럼 지키는 사람이 있는가 하면, 대수롭지 않게 어기는 사람도 있다.

특히 안 지키는 부류가 정치인의 약속이다. 많은 정치인이 선거 때만 되면 지킬 수 없는 공약을 남발한다. 당선되고 나서 안 지켜도 죄의식이 없다. 공약이란 게 원래 그런 것이라며 궤변을 늘어놓는다.

이재명 대통령은 성남시장 때부터 공약 이행률이 90%를 넘었다. 그 비결이 있었는데 그것은 바로 지킬 수 있는 공약만 했기 때문이다. 이재명 대통령은 당선되기 위해 실현 불가능한 공약으로 유권자를 현혹하지 않았다. 지금도 이재명 대통령은 대통령 후보 때 국민과 약속했던 일들을 차근차근 지키고 있다.

해수부 부산으로 이전 공약을 집권 6개월 만에 해냈다. 코스피 5,000 약속도 지켰다.

레규러스 장군처럼 유권자와의 약속도 목숨처럼 지키는 정치를 해야 한다. 주민에게 믿음을 주는 정치인 되겠다는 다짐을 다시 하게 된다.

# 안경으로 바라본 세상

한 부부가 모처럼 주말에 교외로 드라이브를 나가게 되었다.

남편은 즐거운 마음으로 출발하려고 하는데 차의 앞 유리가 더럽고 뿌옇게 보여 앞이 잘 보이지 않았다. 차창 와이퍼를 몇 번 움직여 봤지만 여전히 앞 유리는 더러웠다.

이런 상태로 고속도로를 달리면 위험하겠다 싶어 겸사겸사 주유소에 들러 기름을 넣고 세차를 했다.

주유와 세차를 마치자 세차장 직원이 앞 유리의 물기를 마른걸레로 닦아주었다.

"다 끝났습니다. 안녕히 가십시오."

일을 마친 직원이 공손히 인사했다.

하지만, 남편은 자동차 앞 유리가 아직 더럽다며 한 번 더 닦아달라고 직원에게 부탁했다.

그러자 직원은 얼른 알겠다고 대답하고 혹시 자신이 좀 전에 보지 못한 얼룩이 묻어 있는지 꼼꼼히 살피며 열심히 닦았다.

"손님 다 닦았습니다."

이번에도 남편은 마음에 안 드는지 다시 말했다.

"죄송한데 아직도 더럽네요."

그때였다. 아내가 갑자기 손을 내밀어 남편의 안경을 벗기더니 부드러운 천으로 렌즈를 닦아 다시 남편에게 씌어 주었다. 그랬더니 환하게 보이는 것이었다.

유리창은 원래 깨끗했다. 더러운 것은 자동차의 유리창이 아니라 남편의 안경이었던 것이다.

목불견첩(目不見睫) 남의 눈의 티끌은 보아도 제 눈의 들보는 못 본다는 말처럼, 눈은 가장 가까이 있는 눈썹을 보지 못한다는 말이다.

정치를 보다 보면 자신의 허물은 생각지 않고 상대 당만 비난하는 경우를 많이 본다. 국민들이 소중하게 낸 정치 후원금을 정치하는 데 쓰지 않고, 하루 사이에 수백만 원을 주유했다는 도저히 납득할 수 없는 영수증으로 빼 먹는 정치인이 깨끗한 정치를 한다며 나댄다.

나도 세상을 흐릿하게만 바라보지 않을까. 그렇다면 세상을 꼭 흐릿하게만 볼 것이 아니라 어쩌면 내 마음에 낀 안경이 더럽혀지지는 않았는지 잠시 살펴봐야겠다.

# 오늘의 나는 내일보다 젊다

17세의 대한민국 탁구 최연소 국가대표와 58세의 룩셈부르크 최고령 국가대표선수의 맞대결이 2020 도쿄 올림픽에서 펼쳐졌다.

17세의 어린 나이에도 한국 여자 탁구의 에이스이자 미래로 떠오른 탁구 신동 신유빈 선수와 올림픽만 5번째 출전하는 니 시아리안 선수가 그 주인공이다.

사실 이 두 선수의 만남은 처음이 아니다. 4년 전, 스웨덴에서 두 선수는 처음 만나 대결을 펼쳤고 그때는 니 시아리안 선수의 승리로 끝났다.

이러한 사연으로 이 경기는 시작 전부터 많은 주목을 받았다.

7세트까지 진행되는 긴장감 넘치는 경기가 이어졌으며 결국 승리는 41세의 나이 차이와 이전의 패배를 딛고 일어선 신유빈 선수에게 돌아갔다.

그러나 승패를 떠나서 두 선수가 보여준 높은 수준의 경기는 보는 이들에게 많은 여운을 남겼다.

특히 탁구는 빠른 판단력과 순발력이 중요한 종목임에도 58세라는 나이가 무색하게 예리한 실력을 보여준 백전노장 니 시아리안 선수는 많은 사람에게 긍정적인 에너지와 용기를 주었다.

신유빈 선수는 경기가 끝난 뒤 인터뷰에서 니 시아리안 선수에 관해서 다음과 같이 말했다.

"저희 엄마보다 나이가 많으신데 정말 대단하시다는 말밖에 안 나오는 거 같아요. 어려운 상대였지만, 그래도 같이 풀어나가면서 좋은 경기를 했던 거 같아요."

그리고 니 시아리안 선수도 인터뷰에서 이런 말을 남겼다.

"신유빈 선수와 정말 좋은 경기를 했고, 다시 만났는데 정신적으로 더 강해졌네요. 그녀는 새로운 스타입니다."

비록 경기에서 졌지만, 니 시아리안 선수는 자신과 신유빈 선수를 향해서 말했다.

"오늘의 나는 내일보다 젊습니다. 계속 도전하세요. 즐기면서 하는 것도 잊지 말고요."

생각과 마음이 긍정적인 에너지와 열정으로 가득 차 있다면 나이는 숫자일 뿐, 더 이상 한계가 되지 않는다.

특히 살아온 날에 비해 턱없이 부족하게 남아 있는 살아갈 날을 갖고 있는 중년의 나이가 되니 니 시아리안 선수의 말이 더욱 깊게 다가온다.

나이가 많다고 오늘 도전하지 않으면 내일은 더 도전하기 힘들 것이다. 하고 싶은 일이 있다면 내일이 오기 전에 오늘 도전해 보는 것은 어떨까.

# 천당보다 나은 지금 잘 삽시다

어느 신부님이 강론 중에 청중을 향해 이렇게 말했다.

"지옥 가고 싶은 분 손들어 보세요."

아무도 손을 들지 않았다.

"천당 가고 싶은 분 손들어 보세요."

모두가 손을 들었다.

"이곳에 계신 모두는 천당이 좋으신가 봅니다."

"그러면 지금 바로 천당에 가고 싶은 분은 손들어 보세요."

아무도 없었다.

"그러니까 결국, 천당보다 지금이 낫다는 말이네요. 그러니 지금 잘 삽시다. '천당'보다 나은 곳이니까요."


불교에서는 지금 살고 있는 속세가 지옥이라고 했다. 속세의 모든 유혹을 벗어나야 성불할 수 있다고 했다.

지금 우리가 살고 있는 현실이 지옥이라는데 나는 동의한다.

코스피 5,000을 달성하고, 대한민국 국력이 세계 8위를 하는데 우

2021년 11월 19일부터 방영된 넷플릭스 오리지널 드라마 〈지옥〉 ©넷플릭스 웹사이트 캡쳐 이미지

리의 삶은 팍팍하다.

전 세계 곳곳에서 전쟁이 끊이지 않고 있다. 수많은 젊은이가 전쟁터에 끌려가 생명을 잃고, 어린이와 여자들이 폭탄에 맞아 죽어가고 있다.

정치가 해야 할 일이 현실의 지옥을 더 나은 세상으로 바꿔 가는 것이다. 내가 정치를 하는 이유가 바로 그것이다.

# 행복이란 선물

어떤 젊은 남자의 꿈에 천사가 나타났다. 꿈에 나타난 천사는 뭔가를 열심히 포장하고 있었다.

남자는 무엇을 포장하는지 궁금해서 물었다.

"천사님! 무엇을 그렇게 열심히 포장하고 계십니까?"

천사가 미소를 지으며 남자에게 말했다.

"행복을 포장하고 있답니다. 다가올 새해를 맞아 사람들에게 나눠줄 행복이요!"

남자는 다시 천사에게 물었다.

"그런데 왜 그렇게 포장을 단단하고 튼튼하게 하세요?"

"사람들에게 전해주려면 너무 멀기도 하고 시간이 오래 걸려서 튼튼하게 포장하고 있답니다."

"아! 그러셨군요. 그런데 그 포장지는 무엇으로 만들어졌나요?"

"이 포장지는 고난입니다. 이것을 벗기지 않으면 행복이란 선물을 받을 수 없답니다."

천사가 떠나려고 하자 남자는 다시 물었다.

"천사님! 그 고난이라는 단단하고 튼튼한 포장은 어떻게 하면 열 수가 있나요?"

천사는 미소 지으며 말했다.

"고난이란 포장을 쉽게 열 수 있는 열쇠는 바로 항상 감사하는 마음을 갖는 겁니다. 감사하는 마음으로 세상을 아름답게 살아간다면 포장은 스스로 벗겨지며 행복이란 선물을 받으실 수 있을 거예요."

그 말을 남긴 채 천사는 사라져 버렸고 남자도 꿈에서 깨어났다.

고진감래(苦盡甘來) 힘든 날을 견디다 보면 좋은 날이 온다는 말이다. 하지만 견디는 것만으로는 안 된다. 작은 것에도 감사한 마음으로 살아야 한다.

아무리 힘든 시기를 지나더라도 매시간이 힘들지 않으며 감사한 순간이 오기 마련이다.

나도 그랬다. 집안 형편으로 고등학교 1학년을 자퇴하고 공장에 취직했다. 나보다 더 어린 나이에 초등학교를 겨우 졸업하고 공장으로 들어가야 했던 이재명이라는 소년도 있었다.

하지만 그런 악조건 상황에서도 열심히 돈을 벌었으며 배움에 대한 열정을 놓지 않았다.

이재명 대통령은 고난이라는 단단하고 튼튼한 포장을 자신의 힘으로 풀었다. 나 역시 그런 과정을 겪으면서 여기까지 왔다.

오늘도 감사한 마음으로 다시 시작하고자 한다.

# 어머니와 요양원

白壽(99세)가 되신 어머니,

거동하지 못하고 스스로 앉지도 못하고 대소변도 가리지 못하는 어머니를 형제들이 돌아가며 모시자며 평창에 사는 남동생이 모셔 간 지 한 달, 막상 직접 모셔 보니 개인 생활 자체가 무너지고, 몸이 망가져서 힘이 부처 도저히 모실 수 없다 하여 이제는 할 수 없이 인천 요양원으로 모셨다.

다행히 막내 여동생이 요양사로 근무하는 조건으로 입소할 수 있었다.

가기 싫어 몇 시간을 서럽게 울 때와는 다르게 할머니들과 친구 합시다 하며 바로 적응을 하니 그나마 마음이 덜 아프다.

아직도 정신은 또렷한 내 어머니가 그곳에서 사시는 동안 평안한 마음으로 머물렀으면 고맙겠다.

그동안 고생한 내 아내를 위해 마음 써 준 동생들이 고맙다.

2025년 1월 24일

# 요양원의 어머니

요양원으로 간 지 며칠 만에

폐에 물이 차서 병원에 입원했는데

퇴원 후 상당히 호전된 깔끔한 모습으로 만나니

한결 마음이 편한데

어머니는 오늘도 집에 가고 싶다고 웁니다.


어머니 며칠만 기다리세요,

모시러 올께요~

이렇게 말하고 집으로 돌아옵니다.


정신이 또렷한 어머니는

함께 생활하는 치매 어르신을 보면서

요양원에서 적응을 못 하고 힘들어 하십니다.


고심 끝에 우리 여동생이

다니던 직장을 그만두고
자기 집에서 모시기로 했습니다.
많이 고마워서 형제들이
매월 소정의 금액을 모아서 보태기로 하였습니다.

99세의 내 어머니!
얼마 남지 않은 여생,
이 세상 끝에 섰을 때
미움 없이 섭섭함 없이
평화로운 마음으로 떠나시길 기도드릴 뿐입니다.

2025년 3월 2일

# 떠나시는 내 어머니

아직도

무슨 세상 미련이 그리 많이 남아 있나요.


아직도

자식들이 물가에서 노는 것 같아 불안한가요.


아직도

평생 고생하고 산 인생이 억울한가요.


이승살이 일백 년을

이리 살고 저리 살았으면

이제 그만 훌훌 털고 가시구려


평생을 셋째 아들과 살면서

맘고생 많이 시켜 죄송할 뿐이라오

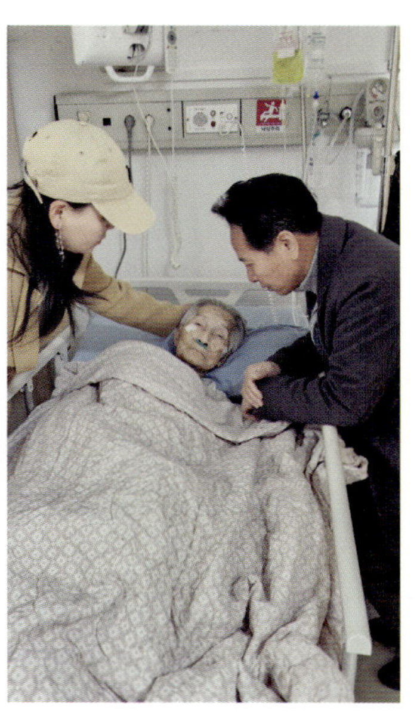

사는 동안 엄니 속을 많이 썩였지만

엄니가 계셔서 내 하고 싶은 거
다하고 살 수 있었소.

엄니가 계셔서 감사했고
엄니가 계셔서 행복했소.

환갑 지난 아들이니
이제 그만 아들 걱정 접고
이승의 끈을 놓으시고
편한 마음으로 떠나시구려

가시는 걸음에
웃으며 보내 드리우리다.
내 한쪽이 무너지는 애통함에 서럽지만
웃으며 보내 드리우리다.

다시는 볼 수 없는
떠나시는 내 어머니.

2025년 7월 31일

# 양복 한 벌과 나의 늙으신 어머니

6년 전 어느 날의 일이다.

어머니는 셋째 아들인 나와 평생을 같이 사셨다.

어머니는 나의 아픔과 큰 고비의 인생을 함께하셨다.

구의원 낙선을 겪고 다시 일어서는 아들의 선거 때 구순을 넘은 나이에 경로당을 돌며 아들을 찍어 달라 부탁하던 모습이 엊그제인데 어느새 93세의 나이도 기울어 지셨다.

그런데 어제 갑작스럽게 손수 쓰레기를 버리러 가시다 넘어지셔서 응급실에 실려 갔고 말았다.

연세 많은 노인들은 골절되면 뼈가 붙지 않고 그대로 합병증으로 돌아가시는 분들을 지켜보던 터라 가슴이 철렁했다.

의사 선생님 왈

"천만다행입니다. 약간 심한 타박상입니다. 일주일 약을 드시면 되시고 골다공증 약도 처방해 드리겠습니다. 당분간 목발 딛고 다니셔야 합니다."

가슴을 쓸어내렸다.

어느 날 문득 어머니께서 부르시더니 그동안 고생 많았으니 양복 한 벌을 사주시겠다 하신다. 하지만 그 뒷말이 무섭다.

"내가 죽기 전에 사주고 싶다. 내가 죽고 나면 나 생각하면서 입어라."고 하신다.

마음이 아려온다. 하지만 기꺼이 아울렛에 가서 주신 돈으로 양복 한 벌과 남방 2개를 샀다. 보여주니 무척 좋아하신다.

어머니는 한술 더 떠 나머지 자식들도 다 한 벌씩 사주겠다 하신다.

아~

나의 93세 어머니는 죽음을 준비하

시는구나. 하는 생각이 머리를 스쳤다.

사주신 양복,

살아계실 때 자주자주 입어야겠다고 생각했다. 그리고 어머니가 돌아가신 지금도 나는 어머니께서 사주신 양복을 입으며 그리워한다.

어머니는 이렇게 늘 나와 함께 하신다.

# 후회는 항상 한발 늦는다

마눌이 요즘 장마철이라 빨래가 안 마르고 냄새가 난다며 건조기를 사달라 한다.

내가 돈 없어서 안 된다고 했더니 듣고 있던 상할머니이신 어머니 왈

"내가 사줄께 가자~" 하신다.

그러더니 곧바로 고부가 같이 나가더니 건조기를 사왔다. 마누라는 싱글벙글 기분이 좋다.

어머니는 건조기를 신기한 듯 바라보고 있는 나에게 말씀하신다.

"넌 저녁이나 사라~" 하신다.

마누라는 근처에 명태촌이 맛있다며 재촉을 한다.

나는 두 분의 뜻에 따라서 마누라와 어머니를 모시고 명태촌에 갔다.

명태촌 코다리가 엄청 맛있다며 마

누라와 어머니는 웃음꽃을 피운다. 나는 코다리찜에 결코 빠질 수 없는 소주를 마셨다.

어머니는 며느리가 갖고 싶어 하는 건조기를 선물해서 당신도 기분이 좋은지 말씀이 많아지셨다.

"내가 왕년에 ~ 이랬는데~"하는 화려한 어머니의 과거지사 끊이지 않는다. 나는 수백 번은 들었을 레퍼토리이다. 마누라 역시 수백 번을 들었을 테이지만 건조기를 선물 받아서인지 몰라도 처음 듣는 양 호응하면서 잘도 듣는다. 나는 별 반응 없이 시큰둥하게 소주만 흡입했다. 그러면서 생각했다.

"그냥 건조기 사줄걸."

후회는 항상 한발 늦는다는 걸 실감하며 내가 나이 들어도 어머니처럼 폼 있게 살자고 다짐하는 밤이었다.

2020년 8월 13일

# 5월 단상

5월은 가정의 달이다.
어린이날, 어버이날,
부부의날, 스승의날
다 5월에 있다.
그 5월에 가정과 사회와 국민과 국가가 무너졌다.
그 5월에 5.16, 5.18 쿠데타로 인해
무고한 시민이 쓰러졌고
수많은 국민이 이유 없는 주검이 되었다.
몇십 년이 지났으니 역사에 묻자 하고
이제 화해와 용서를 말한다.

그리하자
하지만 진실 위에 묻자.
진실 없는 화해와 용서는
백성 죽인 백정에게

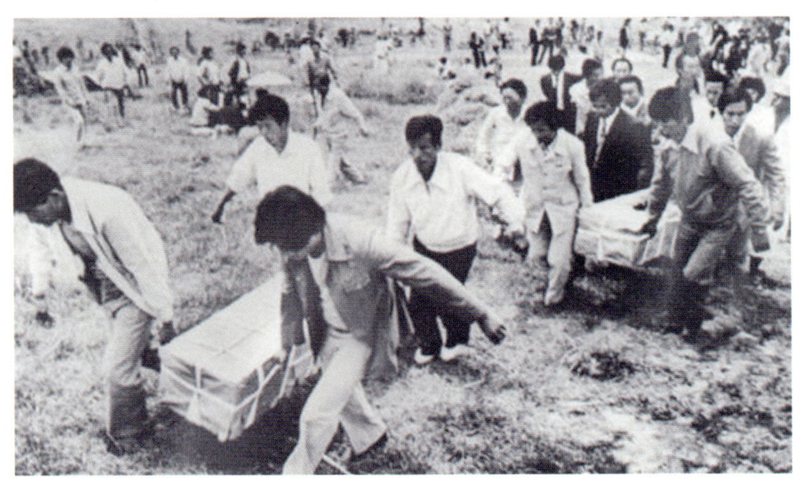

1980년 5월 29일 망월동 묘역(3묘역) 조성

칼춤을 추게 해줄 뿐이다.

진실만이 역사를 바로잡고

가신 님들과 후세에

조금이라도 죄사함 받는 것.

앞으로의 5월이

진정 가정의 달이 될 수 있도록.


PS : 5.18 민주화운동 진상규명위원회의 앞으로의 2년간 활동을 기대하겠습니다.


2020년 5월 18일

# 어느 날 문득 푸시킨 시인을 생각하며

"삶이 그대를 속일지라도
결코 노여워하거나 슬퍼하지 말라
우울한 날들을 견디면:
믿으라
기쁨의 날들이 오리니"

수많은 선행이 보답받지 못한다고 해도,
남을 위한 사랑이 핍박받는다고 해도,
그럼에도 불구하고
세상을 아끼고 사랑하는 많은
사람 덕분에
이 세상은 여전히 아름답습니다.

# 현명한 재심에게

재심이는 내 맘 알려나
억울하고 분한 이 마음


재심이는 내 맘 알려나
떠나고 싶지 않은 이 마음


재심이는 내 맘 알려나
민주만을 사랑했던 이 마음


재심이는 내 맘 알려나
비오는 아침, 밤새 뜬눈으로 울고 있는 이 마음


재심이는 알아주겠지.
재심이는 가지 말라 손잡아 주겠지.

재심이는 진정한 내 맘 알아주겠지.

재심이는 살아온 내 인생을 살펴봐 주겠지.

재심이는 마지막 내 몸부림을 잡아주겠지.


늦잠 자는 막내딸이 깰까 봐

입 틀어막고 울고 있는 내 맘,

재심이는 알아주겠지.


2018년 5월 12일

# 나의 님아

내가 사랑하는 님이,
모두가 사랑하는 님이 되었다.


행복해하는 님이 나는 좋았다.
그 님이 나를 버리려 한다.


그 많은 사랑이 권력이 되어
그 사랑을 위해 열심히 살아온 것이
죄가 되어 이유 없이 버리려 한다.


그저 처음 보는 사람이 새롭다는 핑계로
나더러 떠나라 한다.


그래도 버리려는 사유라도 알고 싶다 하니
너는 아무 잘못 없다 말하고….

니가 남자인게 죄라고
지금은 여자가 필요하다 한다.


주민이는 말하겠지
차일 짓을 했을 거라고
내 명예는 오간 데 없고….


아~
여러 사랑 받음이 넘쳐
사랑하는 사람을 버리려 한다.


그 사랑 영원하지 않을진대
나 하나 떠난다고
눈 깜짝 안 하겠지만.


그 사랑 그 권력이 영원할 거라 생각하는지
이니 덕에 받은 사랑
이니 덕에 부리는 권력
영원할까 쏘냐마는


민주야!
권력에 취한 공심아!

넘치는 사랑에 묻혀

죽고 나서 후회 말고

원칙 없는 전횡에

억울하고 분한 이들 많으니


넘치는 것은 부족함만 못하니

여성 삼십에 목매지 말고

자기 사람만 챙기지 말고

사랑받을 때

더불어 행복한

더불어 잘사는

대한민국 만들어야 되지 않겠니 공심아?


2018년 5월 12일

# 새로운 눈을 가지는 여행


진정 무엇인가를 발견하는 여행은

새로운 풍경을 바라보는 것이 아니라

새로운 눈을 가지는 데 있다.

- 마르셀 프루스트-

이국적인 풍경과 사람들과 음식들.

그들에 도취되어 다니다가

어느새 내가 고민했던 것들을 다 잊곤 합니다.

그러면서, 다시 생각합니다.

내게 너무 커 보였던 것들이 실은 아주 작은 것이라는 것.

문화와 풍토는 달라도

사람 사는 모습은 비슷하다는 것.

그것을 알기까지

시간과 발품과 생각을 팔아야 한다는 것입니다.

2018년 2월 5일

# 바람이 분다

바람이 분다
늦은 밤 바람이 분다
뙤약볕 여름이 지나가는
바람이 분다.
늦은 밤 뙤약볕처럼
사랑이 지나간다.

2021년 8월 14일

# 5장

# 신희근의 동작 사랑

# 상도1동 실로암교회 옆 엘리베이터 건[1]

신희근 의원입니다.

제가 행정재무위원장으로서 발언을 자제하고 조율하려고 노력해 왔습니다만 오늘은 한 마디 아니할 수가 없네요.

우리는 의원으로서 의회를 존중하고 절차와 형식이 중요합니다. 상임위와 예결위를 거쳐 본회의에서 의결된 사항입니다.

조건부 의결 사항이라 주민설명회와 설문조사라는 조건을 충분히 갖추었습니다.

그런데 의원 한 명이 의회에서 충분한 절차를 거쳐 결정한 사항에 대해 해당 부서에 집행을 보류하라는 압력을 넣고 주민설명회와 설문조사를 실시할 때는 침묵하다가 반대하는 사람들만 모아서 서명을 받고 이제 와서 설문조사가 잘못되었느니 하면서 딴지를 거는 것은 의회 소속인 의원이 의회를 무시하고 부정하는 행위라고밖에 생각할 수 없습니다.

---

1) 2015년 10월 23일 동작구의회 7대 회기 제 255회 5분 자유발언

이번 엘리베이터 건은 해당 부서에서 계단으로 할 경우 급경사로 인한 사고 위험이 크다는 자체 판단에 의해서 1안, 2안, 3안을 마련하게 되었고 1안인 엘리베이터 설치도 부서의 안이었습니다.

그런데 해당 부서에서 중심을 못 잡고 부화뇌동한 사실도 문제지만 예산 낭비를 이유로 적법한 절차에 의해 주민 의견을 수렴하여 실시한 사업에 대해 반대하는 주민들만을 모아 태클을 걸고 시비를 거는 것은 의회민주주의를 훼손하는 것이라는 생각을 지울 수가 없습니다.

반대 서명란을 보니 근처 주민은 별로 없고 대부분 원거리 주민이고 노량진 주민도 다수 있었습니다. 그 엘리베이터는 그 인근에 사는 주민들의 필요에 의해서 설치하는 것입니다.

서명란을 보니 10여 명, 몇 명 안 된다고 말하셨나요? 예산 낭비라고 말하셨나요? 거기서 출근하는 여성분이 폭행을 당하고 핸드백을 뺏겼습니다.

주민들의 민원에 구청장님과 현장을 방문했을 때 부탄 가스통과 담배꽁초, 빨간 라커로 입에 담지 못할 욕설이 벽에 쓰여 있었습니다.

해당 부서장이 현장 확인 시에는 여성 팬티까지 있었다고 했습니다.

요즘 대세인 육교 철거, 이번에 노량진 육교도 철거했습니다. 육교를 철거하지 못했을 때는 피치 못해서 옆에다가 엘리베이터를 설치하고 있습니다.

왜 철거합니까, 왜 막대한 돈을 들여서 엘리베이터를 설치하겠습니까?

몇 명 안 되는 장애인, 노인분들은 저 밑에 있는 횡단보도로 건너서 돌아가면 되지 왜 막대한 예산을 들여서 설치하냐고 말할 수 있나요?

단 한 명의 주민이라도 안전이 중요합니다.

지하철 역시 에스컬레이터와 엘리베이터를 설치하고 있습니다.

숭실대, 총신대, 남성역에 서로 자기가 했다고 공약을 내세우고 있습니다.

몇 명이나 이용한다고 예산 낭비한다고 말할 수 있나요? 이것은 사회적 약자에 대한 배려이자 의무인 것입니다.

동작을에 가면 거리 현수막이 있습니다. 모 국회의원이 CCTV 5억 원 확보라는 글이 있습니다. 이것은 CCTV 25대 설치 분입니다.

CCTV를 설치하면 연간 많은 유지관리비가 발생합니다.

이건 예산 낭비 아닙니까?

이건 자랑거리입니까?

위에서 말한 CCTV 설치 건은 범죄가 발생하지 않은 지역에 예방을 위해서 설치하는 겁니다.

실로암교회 옆 폐쇄 계단은 현재 범죄 사건들이 발생하고 있는 우범지대입니다.

인근 주민이 제기한 민원이기도 합니다.

의장님, 의회가 의원에 의해 무시당하는 일이 앞으로 없기를 바라며 의장님의 의지를 당부드리며 발언을 마치겠습니다.

# 동작구 종합 도시계획 수립에 대하여[2]

동작구 종합도시계획 수립과 관련하여 질문하겠습니다.

동작구 구민들이 골고루 잘 살고 지역 간 균형발전과 살기 좋은 도시 발전을 위해서는 좀 더 미래지향적이고 적극적인 도시계획 수립이 필요함을 말씀드립니다.

작년 취임 이후 1년 동안 구청장께서는 동작구의 미래 발전을 위해 다양한 계획을 구상하고 그러한 계획들을 실현시키기 위해 열심히 노력하시는 것으로 알고 있습니다.

하지만 구청장께서 구상하고 추진하는 계획들은 각각 개별적으로 추진되고 있어 구청장께서 추구하시는 미래 발전 실현에 한계가 있다고 생각되며, 또한 이제는 그간 시대적 변화에 따른 주민의 다양한 요구와 지역 여건 변화, 서울시의 도시정책 변화 등으로 과거와는 다른 관점에서 동작구 전체의 균형발전을 위한 새로운 패러다임의 종합도시계획 수립이 절실히 필요하다고 생각합니다.

---

2) 2015년 7월 16일 구정 질문 및 답변 회의록.

특히 민선 6기를 맞아 구청장께서 추구하는 동작구의 발전 방향과 미래지향적 구정 운영 방향 등을 고려할 때 기존 도시계획과는 차원이 다른 수십 년 앞을 내다보는 상생의 도시발전 수립을 위한 새로운 기준을 정립하여 시대 변화에 맞는 도시 계획적 측면의 미래 계획이 반드시 필요하다고 생각합니다.

서울시는 지난 2014년 2030 서울시 도시기본계획을 확정한 바 있으며 그 후속 계획으로 주민참여형 생활권 계획을 수립하고 있습니다.

이에 맞춰 우리 동작구도 2030 서울시 도시기본계획의 기본 방향을 반영하여 변화하는 시대 여건과 가치를 담은 미래상을 제시하고 또한 현재 진행되고 있는 재개발, 재건축을 비롯한 각종 민간개발, 노량진수산시장 현대화 사업, 역세권 지역의 상업 기능 확대, 장승배기 행정타운 조성 등을 종합한 장기적인 발전 방향 제시를 통해 주민들에게 꿈과 희망을 주고 지역 전체가 골고루 잘살 수 있는 행복한 동작을 만들기 위해서는 20년, 30년 앞을 내다볼 수 있는 종합도시계획 수립이 꼭 필요하다고 생각하는데 현재 우리 구는 이러한 계획이 부재한 실정입니다.

그간 구 발전을 위한 도시계획적 측면의 계획들이 부분적으로 수립되어 추진되어 왔으나 개별 계획들이 상호보완이나 연계성 없이 추진되고 있습니다. 이렇게 단편적이고 개별적으로 시행되고 있는 계획을 가지고 어떻게 동작구의 미래상을 실현할 수 있을지 심히 의문을 갖지 않을 수 없습니다.

현재 각각 개별적으로 추진되고 있는 주거, 문화, 도시기반시설, 상업지역 확대, 용도지역 조정 등에 대한 계획들을 종합한 도시계획적 측면의 종합계획을 수립하여 추진할 경우 큰 시너지 효과를 발휘하여 동작구의 미래상 실현에 한 걸음 더 다가서지 않을까 생각합니다.

이에 본 의원은 구민의 삶의 질을 한층 높이고 행복한 동작을 만들기 위해서는 종합적인 도시계획 수립이 반드시 필요하다고 생각하는데 구청장의 생각은 어떠신지 묻습니다.

# 장기적 CCTV 종합계획 수립과 관련하여[3]

CCTV 장기적 종합계획 수립과 관련하여 질문하겠습니다.

우리 구는 범죄예방 등 주민 안전을 위해 많은 CCTV를 설치하고 작년 2월에는 통합관제센터를 설치하는 등 많은 노력을 해왔습니다.

그러나 유지관리 등 운영 측면에서 구의 재정적 부담이 가중되고 있는 것 또한 현실입니다. 따라서 본 의원은 CCTV 신규 설치를 위한 국·시비 확보도 중요하지만, 이제는 무분별한 신규 설치 예산 확보보다는 CCTV 설치에 따른 범죄예방의 효과, 늘어만 가는 재정 부담 등을 종합적으로 분석·평가하여 대처할 수 있는 종합적인 대책이 필요하다고 생각합니다.

본 의원이 알기로는 지난 3년간 224개소에 572대의 CCTV를 신규로 설치하였으나 아직도 우리 구에서 최근 4년간 5대 강력범죄가 매년 4,100여 건 이상 발생하고 있으며 검거율 또한 47.3% 정도에 머무르고 있는 것으로 알고 있습니다.

---

3) 2015년 7월 16일 제7대 회기 구정 질문.

　이러한 사실은 CCTV가 증가해도 범죄는 꾸준히 일어나고 있다고 판단되며 한국데이터베이스진흥원은 방범시설과 범죄와의 상관관계 분석보고서를 통해 범죄예방을 위해 방범용 CCTV를 늘려가고 있지만 범죄율은 줄어들지 않고 있다고 밝히고 그 예로 2013년도 경찰청이 국회 안전행정위원회에 제출한 국정감사 자료를 통해 2011년 대비 2012년 노인, 아동, 여성을 대상으로 한 범죄가 각각 65.1%, 92%, 10.4% 증가하였음을 밝히고 있습니다.

　고려대학교 법학연구원에서도 CCTV를 통한 범죄예방의 법치국가적 한계라는 논문에서 서울에서 하루에 보통 개인이 CCTV에 노출되는 횟수는 대략 150회에 이르고 있어 공공의 안전이라는 목적으로 과학기술을 통해 개인의 자유를 과도하게 제한함으로써 법치국가적 이념의 한계인 비례성 원칙을 침해하기도 한다고 하며 CCTV는 이론적으론 모든 종류의 범죄행위 등을 동시에 예방할 수 있으나 실제로

CCTV가 범죄예방의 효과를 보이는지는 여전히 논란 중에 있다고 밝히고 있습니다.

따라서 본 의원은 CCTV의 신규 설치는 어린이보호구역이나 여성 안전을 위해하는 지역 등을 조사해 우선 설치 대상으로 정하는 등 최소한의 설치가 검토되어야 하며 국회의원께서 확보해 오는 특별교부세, 즉 국비를 신규 설치 위주의 물량 확보에만 사용할 것이 아니라 논의를 통해 기존에 설치되어 있는 것 중 성능이 떨어지고 노후하여 제 기능을 다하지 못하는 CCTV에 대한 성능 개선에도 사용함이 반드시 필요하다고 생각됩니다.

이러한 본 의원의 생각에 대한 집행부의 의견을 밝혀 주시고 현재 설치되어 있는 CCTV 총괄 현황과 지난 3년간 유지관리비 현황, 향후 3년간 예측되는 유지관리비 증가, 제 기능을 못하는 41만 화소 CCTV 현황은 얼마나 되는지 밝혀 주시고 문제점에 대한 집행부의 종합적인 계획이 있는지 말씀해 주시기 바랍니다.

# 어르신 일자리 주식회사 설립과 관련하여[4]

어르신 일자리 주식회사 설립과 관련하여 질문하겠습니다.

7월 9일 연합뉴스 기사에 따르면 65세 이상 노인 10명 중 3명은 경제활동을 하고 있으며 이 중 생활비를 벌기 위해서라는 답변이 79.3%를 차지하였습니다.

실제로 본 의원이 관내 복지관, 경로당 등을 다니면서 어르신들을 만나서 이야기를 해 보면 대다수의 어르신이 정기적으로 직장에 다니면서 생활비도 벌고 소속감을 가지고 다양한 인간관계를 갖고 싶어 하였습니다.

노후 대비가 부족한 상당수의 노인은 정부 지원 외에 노동시장에 잔류하여 지속적으로 경제활동을 하여야 함에도 불구하고 현재 정부의 정책은 단편적이고 시혜성 복지급여 위주로 운영되고 있는 것이 현실입니다.

본 의원은 평균수명이 갈수록 늘어남에 따라 고령화에 따른 노인

---

4) 2015년 7월 16일 제7대 회기 구정 질문.

빈곤, 고독사, 소외감 등 고령화 사회의 문제점이 갈수록 심화되고 있는 상황에서 어르신들이 보다 좋은 환경에서 지속적으로 일할 수 있는 여건을 조성하는 것이 무엇보다 중요하다고 생각합니다.

올해 구청에서 어르신들만을 채용하는 출자기관을 직접 설립하여 새로운 방식으로 어르신의 복지 문제를 해결하려는 계획이 있는 것으로 알고 있는데 일자리에 기반한 어르신 복지 확대라는 기본 취지에 본 의원도 공감합니다.

다만 회사 설립에 따른 몇 가지 예상되는 문제점에 대해 지적하고 이에 대한 구청장의 답변을 들음으로써 좋은 의도를 가지고 출발하는 회사가 잘 운영될 수 있으면 하는 바람으로 구정 질문을 합니다.

첫째, 아무리 좋은 의도로 사업이 추진된다 하더라도 한 명이라도 선의의 피해자가 발생하면 그 사업의 효과는 반감될 것입니다. 구나 시설관리공단의 관리 시설물 청소 용역을 대상으로 사업을 시작하려고 한다는 말을 들었는데 그럴 경우 기존에 근무하고 있는 분들의 고용에 대한 대책이 있어야 할 것이고 회사의 설립으로 인해 관내 청소대행업을 하는 다른 회사의 피해도 없어야 한다고 생각합니다.

이러한 점을 고려하여 회사를 설립하지 않고 구가 직영하거나 시설관리공단에서 위탁하는 방안은 어떠한지 구청장의 의견을 듣고 싶습니다.

둘째, 구에서 출자하는 회사의 형태는 주식회사이지만 다른 일반 회사와는 달리 수익만을 추구하여서는 안 될 것입니다.

회사의 운영에 구민들이 참여할 수 있어야 하고 회사 운영을 통한 수익도 지역발전을 위한 재원으로 쓰여야 회사 설립 취지에 맞을 것 같은데 이에 대한 구청장의 생각은 무엇인지 묻습니다.

끝으로 관공서에서 출자한 회사의 경우 임직원의 불공정한 선발, 회사의 방만한 운영이 주로 문제가 되는데 여기에 대한 대안은 무엇인지 답변 바랍니다.

본 의원이 지적한 사항에 대해 구청장께서 충분히 반영하여 확실한 대안을 가지고 추진한다면 어르신 일자리 주식회사 설립이 지역경제 발전에 기여하고 어르신들의 복지도 충족하는 모범적인 정책이 될 것이라 판단됩니다.

# 상도로 거리 정비에 대해[5]

도시관리국장께 상도로 거리 정비에 대해 질문하겠습니다.

상도로, 특히 상도1동을 관통하는 큰 도로는 동작구의 상징 도로이자 이팝나무 거리로 건물 간판도 정제되고 아름답게 잘 정리되어 있습니다. 5월 15일에는 이팝나무꽃 축제도 개최하여 주민들과 쌀 기부 행사와 더불어 어울림 한마당이 멋들어지게 벌어졌습니다.

그런데 이 명실상부한 동작구의 대표 도로가 실상은 광고에 시달리고 있습니다. 서울시에서 도움을 받아 많은 돈을 들여 설치한 버스 BIT와 승차대에 온통 광고물이 덕지덕지 붙어 있고 남아 있는 테이

---

5) 2015년 5월 18일 구정 질문.

프와 떼어낸 자국으로 인해 사람들의 인상을 찌푸리게 하고 있습니다. 또 인도와 사람들이 모이는 건널목 시작점 바닥에까지 붙여 놨습니다. 접착력이 워낙 세 잘 떨어지지도 않습니다. 그런데 정작 단속은 이루어지지 않고 있습니다. 광고물이나 스티커에는 어김없이 광고주의 연락처가 있습니다. 마음만 먹으면 단속할 수 있고 깨끗한 거리로 거듭날 수 있습니다.

국장님, 이 멋진 거리를 주민들에게 돌려주십시오. 향후 대책을 답변하여 주십시오.

# 동작구 육아종합지원센터 영유아 아동 발달상담실을 자원봉사센터 확대·운영 제안[6)]

구청장께 본동에 위치한 협소한 동작구 육아종합지원센터 영유아 아동 발달상담실을 자원봉사센터의 유휴공간으로 이전하여 확대·운영할 것을 제안하며 질문하겠습니다.

동작구 육아종합지원센터 영유아 아동 발달상담실은 영유아 및 초등학교 학생을 대상으로 진단 평가 치료를 통해 지적·정서적·심리적인 성장을 돕는 전문 기관입니다.

최근 자녀의 발달 상황에 관련된 상담의 필요성이 증대되고 있습니다. 평범한 아이들이 가정의 문제로, 친구와의 문제로, 열등의식으로 인한 우울증으로, 여러 가지 말 못 할 고민 등으로 정서적 문제아로 전락하여 인생을 망치는 아이들이 늘어가고 있습니다. 그러나 문제의 조기발견·중재·예방하는 전문 기관이 부족해 구민들의 불편이 증가하고 있습니다.

---

6) 2015년 5월 18일 구정 질문.

동작구를 보면 본동에 위치한 영유아 아동 발달상담실 이용자가 2010년에는 1,228명이었는데 2014년에는 무려 1만 420명으로 아홉 배 증가하였습니다. 그런데 상담실 공간은 실 평수가 14평이고 1인당 0.2평의 면적밖에 되지 않습니다. 더군다나 현재 75명의 대기자가 기다리고 있습니다.

자원봉사센터를 보면 업무에 비해 많은 공간을 차지하고 있고 유휴 공간이 곳곳에 있으며 1년에 한두 번 하는 자원봉사단 교육은 문화센터를 이용하면 되기 때문에 교육장을 활용하는 방법 등 적극적 공간 활용으로 효율성을 높여야 된다고 생각합니다.

이에 영유아 아동 발달상담실을 자원봉사센터의 유휴공간으로 이전하여 전문적인 발달 지원 서비스 기관으로 확대 운영할 필요가 있다고 봅니다. 그리하여 충분한 공간을 확보하여 전문적인 발달 상담을 통해 부모의 양육 효능감을 높이고 가정의 평화를 이루며 정서적 문제로 고민하는 자녀들의 문제를 조기에 개입·예방을 통해 사회적 비용을 절감하는 효율적인 복지정책을 실현할 수 있다고 확신합니다. 그것이 진정 '행복한 변화, 사람 사는 동작'으로 가는 지름길이 아니겠습니까?

구청장님의 현명한 답변을 기다리겠습니다.

# 구의회 회의 진행 상황 중계 확대 실시에 대하여[7]

구의회 본회의 및 상임위원회 회의 시 회의 상황을 구청 부서별로 중계하고 있으나 주민의 대리인인 구의원 의정활동이나 구정 질문, 발언 내용을 주민이 볼 수 없습니다.

국회나 서울시는 방송을 통해 중계하고 있는데 동작구는 현실적으로 어려운 실정입니다. 대안으로 주민과 접촉이 많은 각 주민센터와 시설공단이 관리하는 스포츠센터, 도서관 등과 문화원, 복지재단, 자원봉사센터 등에 모니터를 설치하여 회의가 진행되는 시간에 주민이 볼 수 있게 해야 한다고 봅니다. 그러면 의원들의 출석률이 양호해지고, 발언의 품위나 내용도 나아질 거라 생각됩니다.

또 주민 자신이 뽑은 구의원을 제대로 평가할 수 있는 효과가 있을 것으로 여겨집니다. 행정관리국장께서 실행 의지가 있는지 답변바랍니다.

---

7) 2014년 10월 15일 구정 질문.

# 상도1동 엠코센트럴파크 뒤쪽 상도근린공원 둘레길 조성에 대하여[8]

상도근린공원은 아파트 허가 조건으로 조성하여 기부채납으로 받은 공원인데 주민이 이용하기에는 허술한 게 현실입니다.

공원길도 편도로 된 산길이고 현충원 둘레길과 비교하면 허접하기 짝이 없습니다.

주변 상황을 보면 엠코센트럴파크, 애스톤파크, 중앙하이츠빌, 대림APT가 있으며 일반주택을 포함하여 5,000여 세대의 주민이 공원을 이용하고 있는데 여러 가지로 부족하여 민원이 많이 발생하고 있습니다. 주민들이 삼림욕을 하며 운동하고 걸을 수 있는 코스를 조성할 필요성이 크다고 봅니다.

그래서 편도로 된 산길을 공원을 중심으로 한 바퀴 걸을 수 있는 웰빙 둘레길로 조성해 주실 것과 운동하며 산책할 수 있는 공원으로 조성해 주실 것을 요구하며 부구청장의 긍정적인 답변을 바랍니다.

---

8) 2014년 10월 15일 구정 질문.

# 관내 대학도서관을 주민에게 개방할 수 있는 방안 마련[9]

동작구는 중앙대, 숭실대, 총신대 3개의 대학이 있습니다. 구청과의 협력관계를 유지하기 위해 평생교육 사업 등을 지원하고 있으며 상호 업무 협조가 이루어지고 있습니다.

그러나 주민이 대학도서관을 이용할 수 없는 것이 현실입니다. 현재 동작구는 타 구와 마찬가지로 예산 부족을 겪고 있습니다. 그런 관계로 도서관을 신축하는 것은 부담으로 작용하고 있습니다.

때문에 구청장께서 나서서 도서관을 주민에게 개방하는 협약을 각 대학들과 맺어 도서관을 짓지 않고도 주민들의 독서 욕구를 만족시켜 줄 수 있도록 해야 하며 이에 구청장께서 협약을 성사시킬 수 있는지 답변 바랍니다.

---

9) 2014년 10월 15일 구정 질문.

# 결산심사를 통해 드러난 문제점에 대해[10]

　안녕하십니까? 존경하는 강한옥 의장님 그리고 선배 동료의원 여러분!

　동작구의회 복지건설위원회 위원장이며 상도1동, 사당5동이 지역구인 신희근 의원입니다.

　코로나19로 인한 힘든 시기가 반년이 되어가고 있는 지금 방역과 감염 방지를 위한 대처로 구민을 위해 불철주야 고생하시는 이창우 구청장과 집행부 1,300여 명의 공무원 여러분께도 이 자리를 빌려 노고에 감사한 마음을 전합니다.

　어느덧 제8대 의회가 2년이 훌쩍 지나 상반기를 마무리하는 시점입니다. 복지건설위원회 위원장을 맡아 나름 열심히 최선을 다하는 마음이었으나 부족한 점이 있었다면 너그러이 이해해 주시고 하반기에도 항상 겸손한 마음으로 바른 의정활동으로서 늘 주민 편에 서서 일하겠다는 다짐을 하면서 이번 정례회의 시 복지건설위원장과 예결

---

10) 2020년 6월 25일 제8대 회기 구정 질문.

위원으로서 결산심사를 통해 드러난 문제점에 대해 주무 부서가 재무과인 관계로 일자리경제국장께 질문하겠습니다.

첫 번째, 2019회계연도 결산서를 작성 시 국·시비 보조금의 잔액이 발생할 경우 보조금 반납금 '바'란에 반납 금액을 기재하여야 하고 구비 잔액은 보조금 정산 잔액 '4'란에 기재해야 하는데 지출 잔액 '8'란에 합계로 표기하여 집행잔액이 잡혀 있는 부서가 있었습니다.

또 어느 부서에서는 본예산에 잡혀 있던 보조금이 내려오지 않아 집행을 못 할 경우 감추경해야 되는데 하지 않았고 정리 추경도 하지 않아서 결산서에 실제 존재하지도 않는 수억 원의 허수가 지출 잔액으로 계상되어 결산서의 잔액과 실제 수납액의 잔액이 달라 순세계 잉여금의 차이가 발생하였습니다.

결국 의회에서 심사한 결산서의 집행잔액이 전부가 순세계 잉여금이 아니라는 겁니다. 각 부서의 미숙한 업무와 업무 태만이 결국 분식회계 아닌 분식회계를 하고 있는 셈입니다.

지자체의 예산편성과 결산 즉, 회계는 그 무엇보다 투명해야 되고 그 자료는 신뢰가 담보되어야 합니다. 그래야 의회는 그 자료를 믿고 심사하고 평가하고 개선될 수 있도록 하는 역할을 하는 것입니다.

예산과 결산을 포함하여 의회에 제출된 모든 자료가 신뢰성을 잃을 때 그 자치구는 희망이 없습니다. 이에 대하여 개선을 요구합니다.

전문적인 교육과 업무 개선을 통해 다시는 이러한 일이 일어나지 않도록 바로 잡아 주시기 바랍니다.

두 번째, 동작구청이 40년이 되었습니다. 그런데 아직도 구유재산이 제대로 관리되고 있지 않습니다.

몇 해 전, 화성에 있는 동작구 납골당 노들하늘공원이 구유재산에서 누락되어 문제되었는데 그때 재산을 전수조사해서 바로 잡겠다고 했습니다.

지금은 어떻습니까? 재산 관리는 e-호조와 새올에서 등록 관리하고 있습니다. 그렇다면 두 프로그램에 등재된 재산이 같아야 하는데 정작 e-호조에는 있는데 새올에는 누락되어 있고 새올에는 있는데 e-호조에는 누락되어 있습니다. 이러한 것은 아직도 체계적으로 재산 관리가 되고 있지 않다는 방증입니다.

비근한 예로 최근에 기부채납 받는 동작 삼일수영장 토지가 새올에만 등록되어 있고 e-호조에는 등록이 안 되어 있습니다. 이러한 재산이 여러 건이 있습니다. 또 같은 물건인데도 양쪽의 재산 금액이 차이가 나는 것도 있습니다. 빠른 시일 내에 전수조사하여 바로 잡아 주십시오.

　세 번째, 간주처리 대상은 지방재정법 제45조에 의거하여 국가 또는 시도가 용도를 지정하여 소요액 전액을 교부한 경우와 재해 구호 및 복구와 관련하여 교부된 경비로 한정하고 있습니다.

　매칭 비율에 구비 부담이 있는 경우 의회와 협의 추진해야 합니다. 곧 추경으로 편성하여 의회에 승인을 받아야 합니다. 그러나 이런저런 이유로 간주처리를 강행하고 있습니다.

　앞으로는 의회를 무시하는 행태로 비춰질 수 있으니 절차를 반드시 지켜줄 것을 요구합니다.

　이상으로 하반기에는 이 사항들의 개선과 변화를 기대하며 구정 질문을 마치겠습니다.

# 동작 삼일수영장 기부채납과 관련하여[11]

    동작 삼일수영장 기부채납과 관련하여 부구청장님께 질문하겠습니다.

    본 의원은 수영장 기부채납 과정과 인수인계 과정, 공단의 적합 의견 제시 후 준공인가, 잦은 하자 발생과 5월 안전진단 후 온수 설비 및 타일 전부 교체 과정을 살펴본 뒤 느낀 점은 관련 부서 공무원들의 총체적 문제와 기강해이가 심각하다는 걸 절감하였습니다.

    아무리 공짜로 얻은 기부채납이지만 엄연한 구 자산이고 우리 주민이 사용할 공간입니다. 준공인가 당시 모든 시설을 점검, 확인하고 보일러도 시범 가동해 보고 수영장에 물도 채워보고 배수도 확인해 보고 인가해 주고 인수해야 함은 삼척동자도 알고 있을 것입니다.

    그런데 시설공단 담당자가 수도꼭지 한번 틀어보고 적합 의견을 냈고 주택과는 기부채납의 모든 책임이 있는 주무 부서인데도 전문성이 없다는 이유로 그 의견을 믿고 2018년 12월 27일 준공인가를 해

---

줬습니다.

그 후 2019년 2월에야 시설공단과 관리위탁 계약을 했고 5월에야 등기를 냈습니다. 그 후에야 안전진단을 실시하여 전기 온수 설비는 용량 부족으로 운영이 불가하고 상수도 인입 배관 관경의 협소로 배관을 교체해야 하고 미장 타일의 부실시공으로 타일 전체 철거 후 재시공해야 하고 그 이유로 이번 추경에 턱하니 10억 원이 올라왔습니다.

아파트 주민은 다 입주해 있는데 추경이 통과되면 11월에야 오픈할 수 있답니다. 돈은 돈대로 허비하고 준공 인가한 지 근 1여 년 만에 개관합니다.

주택과는 기부채납 주관 부서이고 시설공단은 전문 기관으로서 적합 의견으로 부실 준공인가에 기여했고 또 용량이 부족한 전기보일러 설치에 기여했고 체육문화과는 체육시설의 주관 부서이고 공원녹

지과는 가스보일러는 안 된다고 해 전기보일러 설치에 기여했고 그런데 지금은 다시 가스보일러로 교체하겠다고 하고 각 부서 간은 서로 핑퐁 게임 하듯 책임을 떠넘기고 있습니다.

부구청장님, 총체적인 문제라고 생각 안 드십니까? 현대그룹 정주영 회장님의 말씀이 생각납니다.

"니 돈이면 그렇게 쓰것냐?"

이건 주민들의 아까운 세비 낭비요, 공무원의 기강 해이라고밖에 볼 수 없습니다. 부구청장님, 공무원의 각성과 제대로 된 교육이 필요하다고 생각하는데 견해를 묻습니다. 또한 앞으로 세비가 낭비되지 않도록 하기 위한 재발 방지 대책에 대해 답변 바랍니다.

# 청각 또는 언어장애인의 통신 중계 서비스 제공에 관하여[12]

복지환경국장께 청각 또는 언어장애인의 통신 중계 서비스 제공에 관하여 질문하겠습니다.

동작구는 청각 및 언어장애인이 2,100여 명 정도 살고 있는데 동작구 수화센터를 운영하면서 예산을 투입하여 찾아가는 수화 통역 서비스 등 나름 사업을 추진하고 있는 걸로 알고 있습니다.

하지만 정부에서 추진하고 있는 정책을 해당 부서에서 전혀 모르고 있어 홍보 부족으로 인해 해당 장애인들이 혜택을 누리지 못하고 있다고 판단됩니다.

장애인차별금지 및 권리구제 등에 관한 법률 제21조 정보통신, 의사소통 등에서의 정당한 편의 제공 의무 제4항에 따라 통신설비를 이용한 중계 서비스 제공에 관한 사항에 근거하여 미래창조과학부는 통신시설을 이용한 중계 서비스 제공 등에 관한 기준을 2016년 6월

---

12) 2018년 9월 17일 구정 질문.

에 고시하였습니다.

고시에 근거하여 통신 중계 서비스센터를 설치 운영하며 청각장애인, 언어장애인과 전화 통화를 원하는 비장애인 또는 다른 유형의 장애인에게 문자와 수화 영상을 중계사를 통해 연중무휴 24시간, 365일 통신 중계 서비스를 제공하고 있습니다. 신청에 의해 서비스가 제공되기 때문에 무엇보다 홍보가 중요하다고 생각합니다.

해당 장애인들이 '손말이음센터'로 신청할 수 있도록 보다 적극적으로 임해 주시고 사회적 약자에 대한 정부의 정책과 혜택이 지자체와 해당 부서의 무능으로 동작구민이 상대적 피해를 받지 않도록 복지환경국장께서는 꼼꼼히 챙기시기 바랍니다.

# 장승배기 '종합행정타운' 건립에 적극 협력[13]

　　동작구의회 신희근 행정재무위원장은 주민들 앞에 나설 때면 "주변에 함께 살고 있는 이웃들을 잘 살펴봐 달라"는 말을 빼놓지 않고 당부하곤 한다. 이는 평소 '보듬으며 동행하는 삶'을 살고 싶다는 평소 그의 신념과 일맥상통한다.

　　신희근 위원장은 5대에 이어 7대 재선의원으로 〈동작구 보건소 수가 조례 일부개정 조례안〉, 〈동작구 시설관리공단 설치 조례 일부개정 조례안〉, 〈동작구 어르신 행복 주식회사 출자 및 지원에 관한 조례안〉 등의 굵직굵직한 조례안을 대표 발의한 데 이어 23일 열리는 제255회 임시회에서는 〈동작구 동물 보호 조례안〉과 〈동작구 청년 일자리 촉진에 관한 조례안〉 등의 대표 발의를 앞두고 있다. 지난 15일 늦은 오후, 집무실에서 만난 신 위원

---

13) 2015년 10월 22일 〈시정일보〉 최희주 기자 인터뷰.

장은 민원을 제기하러 온 지역 주민을 배웅하고 오는 길이라며 다소 상기된 얼굴과 머쓱함으로 말문을 열었다.

– 행정재무위원장으로서 지내온 지 지난 1년이 넘었다. 그에 대한 소감
  은?
"원만하게 위원회를 끌어가려고 노력해 왔다. 구민이 편안한 동작구가 되도록 항상 주민들의 고견을 귀를 열어 듣고 민원, 현안들을 꼼꼼히 챙겨 원만한 위원회를 만들기 위해 노력해왔다. 또 꼭 필요하다고 생각되는 사업을 협의하고 예산을 수립토록 해 온 점에 대해서도 보람을 느끼고 있다."

– 지역주민에게 주로 어떤 민원이 들어오는지?
"우범지대 해소 문제, 공원 둘레길 조성 민원, 차도의 급경사 해소 건, 지하철 무인민원발급기 설치건, 어린이보호구역 지정 민원 등 주민 생활과 밀접한 민원이 대부분이다.

특히 상도1동 실로암교회 옆 골목 계단은 밀폐형 계단으로 청소년들의 탈선 장소로 사용되는 등 우범지역이였지만 얼마 전 투명한 엘리베이터 설치 공사를 시작했다. 중대 후문의 경우, 심한 급경사라 운전 시 사고의 위험이 있었는데 경사로를 완만하게 만드는 공사가 최근에 끝났다."

– 행정재무위원회의 주요 현안을 꼽는다면?
"아무래도 동작구의 가장 큰 현안은 장승배기에 건립 추진 중인 '종

합행정타운'이다. 현재 종합행정타운 추진단이 발족됐다. 구청사와 경찰서 우체국, 소방서, 보건소 등이 하나로 모아지는 큰 사업인 만큼 적극 협조하고 있다."

– 임기 중 꼭 하고 싶은 일은?

"지역 사업으로는 상도1동에 체육문화센터를 건립하고 싶다. 상도1동은 인구가 약 5만 명에 달하는 큰 동이지만 체육시설과 문화시설이 전무한 실정이다. 그동안 많은 민원이 제기돼 왔지만, 지역적 형평성과 주민의 행복추구권 측면에서도 체육문화센터 건립은 추진돼야 한다고 생각된다. 사당5동은 재건축 아파트가 들어서면서 도로가 새로 개설되고 지형이 바뀔 것으로 예상돼 앞으로 많은 변화가 기대된다."

– 주민들과 동료 의원들에게 하고 싶은 말은?

"송파 세모녀 사건처럼 사회안전망에서 극단적으로 벗어나 있는 분들이 늘 우리 주변에 있다고 생각된다. 주변에 도움이 절실하게 필요한 이웃이 있는지 눈여겨봐 주시고, 있다면 제도와 구호 자금 등의 지원을 받을 수 있도록 반드시 구청이나 의회로 연락을 주시고 관심을 두셨으면 한다. 동료 의원들과는 잘 협력해 왔기에 특별하게 바라는 것은 없다. 지금처럼 잘 해왔듯, 크게 넓게 동작구의 미래를 함께 그려갔으면 좋겠다."

# 중소기업특별위원회

중소기업 성장이 곧 대한민국 경제의 성장이다.

대내외적으로 경제가 어려운 시기에 더불어민주당 중소기업특별위원회가 출범하였습니다.

제가 부위원장에 임명되었습니다.

권칠승 위원장님을 잘 보필해서 중소기업과 벤처기업의 현장 목소리를 반영한 정책을 수립할 수 있도록 노력하겠습니다.

더불어 실질적인 지원에 앞장서고, 지속 가능한 성장을 이루는데
힘을 보태겠습니다.


2025년 2월 18일

# 2022 위대한 한국인 100인[14]

동작구의회 신희근 의원(상도1동, · 사당5동)이 지난 27일 서울백범김구기념관에서 열린 『2022 위대한 한국인 100인 대상(지방자치 창의융합의회발전공로)』을 수상했다.

2022 위대한 한국인대상 시상식 조직위원회가 주최하고, 대한민국 신문기자협회 등이 주관하는 '위대한 한국인 100인 대상'은 정치, 사회, 문화, 예술, 과학, 스포츠 등 각 분야에서 한 해 동안 두드러진 활동을 하여 국가 발전에 기여한 공이 큰 100인을 선정하여 시상한다.

신희근 의원은 제8대 전반기 복지건설위원회 위원장과 후반기 의회운영위원회 부위원장을 역임하며, '동작구 입학준비금 지원 조례안', '동작구 구민안전보험 운영 조례안', '동작구 초등학생 방과후 돌봄 지원에 관한 조례안', '일본 후쿠시마 원전 방사능 오염수해양방류 반대 결의' 등을 대표 발의 하였고, '코로나19의 장기화로 인한 실직한 청년 및 취업 취약 계층에게 일자리 제공 등의 노력은 무엇인지'

---

14) 동작뉴스. 2022년 2월 16일

등 다양한 구정 질문을 통해 구민들의 안전과 삶의 질 향상을 위해 힘쓰고 있다.

신희근 의원은 수상소감으로 "코로나로 어려운 상황 속에서 이런 큰 상을 받게 되어 감사드리며, 위기를 극복되고 민생경제가 살아날 수 있도록 구민들과 적극 소통하며 제8대 임기가 끝나는 날까지 최선을 다해 의정활동을 펼쳐 나가겠다."고 수상소감을 밝혔다.

# 좋은 정책 페스티벌

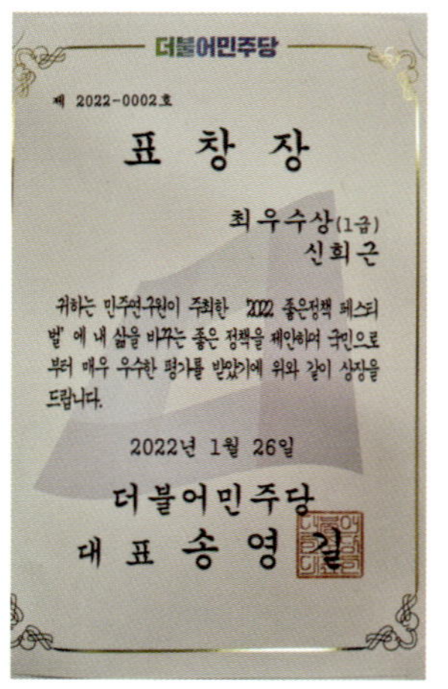

더불어민주당 민주연구원 정책 제안 공모전에서 약 400여 명 응모 중에 제가 제안한

"출생에서 대학까지 국가가 책임진다" 라는 정책 제안이 국민이 직접 뽑은 〈내 삶을 바꾸는 좋은 정책〉 최우수상에 선정되었습니다. ^^

극초 저출산 국가를 탈피하려면 임신, 출산에서부터 출생, 보육, 교육까지 또 다자녀 지원 등 국가가 책임지는 통 큰 정책이 필요한 때입니다.

2022년 1월 26일

## '2019 대한민국 소비자 대상' 의회 정책 부문 2년 연속 수상[15)

동작구의회(의장 강한옥) 신희근 의원이 지난 7일 한국프레스센터 국제회의장에서 열린 '2019 대한민국 소비자 대상' 시상식에서 지난해에 이어 의회 정책 부문에서 연속 수상했다.

대한민국 소비자 대상은 소비자 입법 부문, 소비자 행정 부문, 소비자 의회 정책 부문 등 각계각층에서 소비자의 권익 증진을 위해 노력하고, 경쟁력과 신뢰성, 공익성을 갖춘 개인과 단체를 시상하는 제도이다.

신희근 의원은 2019년 의정활동 기간 중 「서울특별시 동작구 착한 가격 업소 지원 및 관리 조례」 제정 등 주민 밀착형 조례를 4건 제정하였으며, 주민들의 안전 확보와 지역사회 투명한 경영 등을 위한 민원 상담, 현장 의정 활동, 구정 질문 등에 솔선수범하여 주민들의 권익 보호에 기여한 공로를 인정받았다.

---

15) 동작뉴스. 2019년 8월 30일.

　　신 의원은 "이런 뜻깊은 상을 받아 감사하고, 구민의 대변자로서 동작구의 지역경제 활성화에 책임감과 사명감을 가지고 경제정책을 지속적으로 발굴하는 데 더욱 노력하겠다."고 밝혔다.

　　한편 신희근 의원은(상도1·사당5동 지역구) 3선 의원(5대·7대·8대)으로 현재 복지건설위원장으로 활동하고 있으며, 최근 예산안 심의시 '어린이 통학 차량 하차 확인 장치 설치 지원 사업'에 적극적으로 기여하여 예산을 통과시키는 등 최선을 다하는 모습으로 주민들에게 호평을 받고 있다.

# 서울시 구의회의장협의회 주최 '의정대상' 수상[16]

서울 동작구의회 신희근 의장(상도1·사당5동)과 서정택 행정재무위원장(사당1·2·흑석동), 최정아 예결위원장(사당3·4동)이 17일 강서구 보타닉 파크웨딩에서 열린 서울시구의회의장협의회 주최 '2018 지방의정 대상'에서 의정 대상을 수상했다.

이날 서울시구의회의장협의회측은 "평소 투철한 사명감과 열정적인 의정활동으로 지역사회 발전에 헌신하였을 뿐만 아니라, 서울시 자치구의회 의정발전에 기여한 바가 크므로 이 상을 수여한다"고 밝혔다.

의정대상 수상자인 신희근 의장은 "더욱 노력하라는 뜻으로 알고 구민을 위해, 지역발전과 지방자치 발전을 위해 남은 임기 동안 더욱 부지런히 열심히 뛰겠다."고 소감을 밝혔다.

서정택 위원장은 "앞으로도 주민들과 지속적으로 소통하고 함께하는 자세로 의정활동에 최선을 다하겠다."고 소감을 전했다.

---

16) 전국매일신문. 2018년 1월 19일.

최정아 위원장도 "소중한 상을 받게 되어 감사하고, 지역주민의 행복을 위해 항상 고뇌하고 열심히 노력하는 의원이 되겠다."고 말했다.

# 신희근(의원) 의안 발의 목록

의안번호 의안명 / 소관위원회 / 발의일 / 상태 / 의결일

1708 서울특별시동작구국가보훈대상자예우및지원에관한조례안 / 복지건설위원회 / 2007-03-16 /처리-가결(원안) / 2007-03-22

1885 서울특별시동작구 한부모가족 지원 조례안 / 복지건설위원회 / 2008-11-12 / 처리-가결(원안) / 2008-12-15

1975 서울특별시동작구 다문화 가족지원에 관한 조례안 /복지건설위원회/ 2009-10-12 /처리-가결(원안) / 2009-10-26

2528 서울시 동작구 보건소 수가조례 일부개정조례안 / 행정재무위원회 /2014-11-04 / 처리-가결(수정) / 2014-11-17

2578 서울특별시 동작구 시설관리공단 설치 조례 일부개정조례안 / 행정재무위원회/ 2015-06-16 /처리-가결(수정) / 2015-07-17

2592 서울특별시 동작구 어르신 행복주식회사 출자 및 지원에 관한 조례안 / 행정재무위원회 / 2015-09-04 / 처리-가결(수정) / 2015-09-23

2617 서울특별시 동작구 청년일자리 촉진에 관한 조례안 / 행정재무위원회 / 2015-10-16 /처리-가결(수정) / 2015-10-29

2618 서울특별시 동작구 동물 보호 조례안 / 행정재무위원회 / 2015-10-16 /
처리-가결(수정) / 2015-10-29

2661 서울특별시 동작구 무료법률상담실 설치 및 운영 조례안 / 행정재무위원
회 / 2016-04-15 / 처리-가결(원안) / 2016-04-25

2869 서울특별시 동작구 주민밀착형 탄력순찰 지원 조례안 / 행정재무위원회
/ 2018-10-10 / 처리-가결(수정) / 2018-10-22

2872 서울특별시 동작구 병역명문가 예우 및 지원에 관한 조례안 / 복지건설
위원회 / 2018-10-10 / 처리-가결(원안) / 2018-10-22

2905 서울특별시 동작구 착한가격업소 지원 및 관리에 관한 조례안 / 행정재
무위원회 / 2019-01-25 / 처리-가결(원안) / 2019-02-19

2919 서울특별시 동작구 남북교류협력에 관한 조례안 / 행정재무위원회
/2019-03-12 / 처리-가결(원안) / 2019-03-22

2920 서울특별시 동작구 초등학생 방과 후 돌봄 지원에 관한 조례안 / 복지건
설위원회 / 2019-03-12 / 처리-가결(원안) / 2019-03-22

2942 서울특별시 동작구 구민안전보험 운영 조례안/ 행정재무위원회 / 2019-
05-03 / 처리-가결(원안) / 2019-05-17

2996 서울특별시 동작구 화재대피용 방연마스크 비치 및 지원에 관한 조례안
/ 행정재무위원회 / 2019-11-07 / 처리-가결(원안) / 2019-11-22

2997 서울특별시 동작구 예산절감 및 낭비사례 공개에 관한 조례안 / 행정재
무위원회 / 2019-11-07 / 처리-가결(원안) / 2019-11-22

3022 구청장 및 관계공무원 출석요구의 건/ 본회의 / 2019-11-13 / 처리-가
결(원안) / 2019-11-15

3114 서울특별시 동작구 입학준비금 지원 조례안 / 행정재무위원회 / 2020-11-05 / 처리-가결(수정) / 2020-12-04

3192 일본 후쿠시마 원전 오염수 해양방류 결정 반대 결의안 / 본회의 / 2021-04-19 / 처리-가결(원안) / 2021-04-21

3284 서울특별시 동작구 입학준비금 지원 조례 일부개정조례안 / 행정재무위원회 / 2021-11-08 / 처리-가결(원안) / 2021-11-19

3307 서울특별시 동작구의회 위원회 조례 일부개정조례안 / 의회운영위원회 / 2021-12-21 / 처리-가결(원안) / 2021-12-28

3308 서울특별시동작구의회 의원 윤리특별위원회 구성과 운영에 관한 규칙 일부개정규칙안 / 의회운영위원회 / 2021-12-21 / 처리-가결(원안) / 2021-12-28

# 수상 및 감사패

| | 연도 | 수상명 | 수여기관 |
|---|---|---|---|
| | 2022 | 위대한 한국인 100인 대상 | 대한민국신문기자협회 |
| | 2019 | 대한국민대상 (자치의정부문) | 한국소비자협회 |
| | | 대한국민대상 (자치의정부문) | 대한국민운동본부 |
| | 2018 | 소통대상 | 매니페스토 365 캠페인 한국본부 |
| | | 첨령 최우수상 | 매니페스토 365 캠페인 한국본부 |
| | | 대한국민대상 (소비자의회정책부문) | 한국소비자협회 |
| | 2017 | 최우수상 | 한국 매니페스토 실천본부 |
| | 2021 | 지방의정대상 | 서울시구의회 의장협의회 |
| | 2019 | 2019년 더불어민주당 지방의회 우수조례 경진대회 우수상 | 더불어민주당 |
| | 2019 | 최우수의원상 | 동작구 의정감시단 |
| | 2016 | 세금보안관상 | 동작구 의정감시단 |
| | 2015 | 우수의원상 | 동작구 의정감시단 |
| | 2010 | 우수상 | 동작구 의정감시단 |
| | 2008 | 우수의원상 | 동작구 의정감시단 |
| | 2020 | 감사패 | 상도종합사회복지관 |
| | 2019 | 감사패 | 월남전참전자회 |
| | 2019 | 감사패 | 동작구가정어린집연합회 |
| | 2018 | 감사패 | 대한미용사회 동작구지회 |
| | | | 동작구 장애인 단체협의회 |
| | | | 상도전통시장 상인회 |
| | | 감사장 | 상도종합사회복지관 |
| | 2017 | 감사장 | 동작경찰서 |
| | | 감사패 | 전국 시군자치구의회 의장협의회 |
| | | | 동작구 수화 통역센터 |

이 책을 쓰기로 시작했을 때가 작년 늦여름 9월이었다. 그 사이 가을이 가고 이제 겨울이 막바지에 이르렀다. 입춘이 지나고 마침 오늘이 우수이다. 봄이 왔다고 해도 무방하다.

이 책을 집필한 지 5개월 만에 탈고했다.

가난했던 나의 어린 시절부터 소년 노동자 시절이 가장 힘들었다. 그 시절이 너무나 힘들어서 사실 기억조차 하기 싫었다. 그런데 기억하기 싫은 힘든 시간은 너무나 선명하게 뼛속 깊이 각인되어 있었다.

이 책을 쓰면서 그 시간이 결코 나에게 헛된 시간이 아니었음을 알게 되었다.

나와 함께 그 힘든 시간 오리엔트 공장을 다니면서도 꿈을 포기하지 않고 자신을 단련해서 마침내 대통령이 된 이재명이라는 사내도 있지 않은가. 소년 노동자 신희근이 잠시 일했던 오리엔트 시절은 이제 나의 정체성이 되어 있었다.

동작구에서 나는 가스 판매점 배달원에서 가스 판매점 사장이 되고, 구의원을 세 번이나 했다. 그사이 뒤늦게 고등학교를 마치고 대학생이 되고 대학원까지 나왔다. 특히 대학교는 동작구에 있는 숭실대에 다녔고 대학원도 동작구에 있는 중앙대를 나왔다.

2024년 12월 3일 윤석열의 친위 쿠데타로 대한민국이 나락으로 빠질 뻔했는데 대한민국의 국민이 쿠데타를 막았다.

윤석열의 내란을 막아내는데 있어서 가장 선봉에 선 인물이 당시 더불어민주당 대표였던 이재명 대통령이다.

이재명 대통령이 취임한 이후 이제 겨우 8개월이 지났는데 대한민국의 국격이 치솟았다. 임기 중 코스피 5,000을 달성하겠다고 했는데 벌써 5,500을 넘었다. 이제 그 성과를 바탕으로 역대 어느 대통령도 하지 못했던 부동산 개혁에 드라이브를 걸고 있다. 선거철만 되면 매번 물러섰던 부동산 개혁을 오히려 이재명 대통령은 6월 지방선거를 앞두고 거침없이 진척시키고 있다. 이번에는 전과 다르다. 왜냐면 이재명은 한다면 하는 대통령이기 때문이다. 이재명 대통령을 응원하지 않을 수 없다.

이 책을 쓰고 있는 사이 늘 나와 함께 사시던 어머님께서 백수를 하고 돌아가셨다.

어머니께서는 7남매 자식 중 유독 나를 좋아하셨다. 나역시 지금까지 대부분의 삶을 어머니와 함께했다.

법화경에 회자정리 거자필반(會者定離 去者必返)이라고 했다. 만나면 헤어지고 떠난 자는 반드시 돌아온다는 말이다. 어머니와 나도 만났으니 이렇게 헤어지는 것이 당연한 이치라고 하지만 어머니 없는 빈자리가 여전히 크기만 하다. 그동안 모자의 인연으로 함께 살아온 세월 감사했습니다.

이 책을 쓰는 동안 늘 옆에서 응원해 준 아내와 딸들에게 고마웠다. 이 책을 쓰는데 많은 영감을 주었던 매직하우스 백승대 대표에게도 고맙다는 말을 전한다.

내란을 극복하기 위해 광화문을 함께 지켰던 동작구의 더불어민주당

당원 동지 여러분이 있어서 지금의 제가 있을 수 있었다.

거자필반.
떠난 자는 반드시 돌아온다고 했다.
이제 나는 돌아가고자 한다.


2026년 2월 19일
우수에
신희근